La partition, futur dystopique de la France ?

Introduction

La composition ethnique de la France change. Du fait d'une immigration que les différents gouvernements qui se sont succédé depuis 1974 ont été incapables de réguler ou n'ont pas voulu enrayer, l'ethnie « blanche » (chrétienne, juive ou athée), si elle est encore majoritaire n'est plus que le groupe communautaire le plus nombreux avant, peut-être, de céder sa couronne à la fin de ce siècle si les données restent les mêmes. Nous reviendrons sur ces transformations sans insister, car mon essai n'est pas un livre de plus sur le « Grand Remplacement », mais se veut sur une réflexion sur le risque de partition territoriale qui menace notre pays.

Le pire n'est heureusement jamais sûr, mais dans un des avenirs possibles (et certainement pas souhaitable !) se créeront, à l'issue d'affrontements sanglants et cataclysmiques, des « réserves » pour des « Français de souche » radicaux et extrémistes. Ces territoires s'ils se mettent en place seront sans doute interdits aux musulmans intégristes, et excluront peut être les Noirs chrétiens si le dérapage raciste devient incontrôlable. Cette perspective glaçante peut légitimement choquer et effrayer, malheureusement on ne peut pas l'écarter sous prétexte qu'elle serait contraire à l'éthique. L'Histoire est dénuée de toute morale.

L'immigration musulmane diffère radicalement de celles qui l'ont précédées : les plus religieux des fidèles du Prophète ont des valeurs tout à fait respectables, mais qui se heurtent avec celles de l'Occident. Notre société a été contrainte d'adopter le multiculturalisme et de renoncer à l'assimilationnisme qui était en vigueur jusqu'aux années 1960 ; or ce modèle de juxtaposition et de cohabitation d'ethnies ne fonctionne pas, il craque de toutes parts et attise les conflits et le racisme au lieu de les apaiser. Désormais vivent sur le territoire de la République Française des peuples à la culture distincte, qui n'ont que fort peu de valeurs communes à partager. La séparation est en train de devenir territoriale : des « ghettos » musulmans se sont créés et dans ces zones les règles sont différentes de celles en vigueur dans le reste du pays : en particulier, les boucheries et les charcuteries ne vendent pas de porc, les fast-foods sont halal, certains supermarchés ne fournissent pas d'alcool. Plus grave, il règne parfois un code vestimentaire informel. Les femmes ont l'obligation d'être voilées et celles qui laissent leurs cheveux libres s'exposent à des insultes et à des quolibets. De même il arrive que des consommateurs d'origine maghrébine soient injuriés s'ils s'installent de jour pendant le ramadan à la terrasse d'un café. Puisque l'une des communautés qui vit sur le sol français (les croyants les plus rigoristes) a obtenu, en se regroupant, l'instauration de zones où ses valeurs sont prises en compte et dominent, pourquoi des territoires dédiés à ceux qui se qualifient de « Français de souche » ne verraient-ils pas le jour par réaction ? Le risque qu'ils se mettent en place n'est pas négligeable.

L'Histoire se répète immuablement. Dès que coexistent sur un même territoire deux ou plusieurs ethnies, aux mœurs, à la langue ou à la religion différente, les tensions s'exacerbent, la violence s'installe. Je vais dans un premier temps faire un tour d'horizon historique et planétaire de peuples submergés par l'immigration ou de nations abritant une ou plusieurs minorités ; nous verrons comment la situation de ces pays a évolué au fil du temps. Cette étude que je me suis efforcée de rendre la plus exhaustive possible va à rebours de la doxa actuelle : nous constaterons en effet que la cohabitation entre groupes religieux ou ethniques différents a presque toujours amené des heurts sanglants et qu'il n'y a guère d'exception à cette règle ; il n'y a pas de multi-communautarisme heureux et sans nuages : la haine et le rejet de « l'autre » sont les sentiments les plus courants et la tolérance l'exception. Le multi-ethnisme au cours des siècles n'a jamais été « le vivre ensemble », mais plutôt « le vivre séparément », côte à côte sans se mélanger, chacun replié sur sa communauté, souvent dans des quartiers spécifiques, les périodes de calme, parfois longues, alternant avec des accès réguliers de violence. Au vu de ce que nous apprend l'Histoire, le futur de notre pays a plus de chances d'être troublé que paisible. Décortiquer le passé, essayer de comprendre les raisons des événements historiques permet de mieux appréhender l'avenir.

Une illusion universellement partagée est de croire qu'il suffit « d'éduquer » les humains pour améliorer leur éthique, que promouvoir sans cesse « la tolérance », notamment pendant toute la scolarité, la fera entrer dans les mœurs. Il suffit d'étudier la société actuelle pour s'apercevoir que c'est faux. L'éducation n'est pas en fait d'une grande utilité pour rendre les humains réceptifs aux autres cultures. Elle ne dépose qu'un vernis qui se craquelle rapidement sous l'effet des passions et des

préjugés qu'induit automatiquement la différence. L'enseignement combat depuis 1945 l'antisémitisme, il ne s'est malheureusement jamais aussi bien porté depuis 1930.
Une autre illusion qui lui est intimement liée est la croyance en un « progrès » moral de la race humaine au fil des années : ce qui n'était pas possible, il y a un millénaire le serait maintenant, que l'ouverture à « l'autre » serait plus forte, en 2019, qu'en 1050, voire qu'en 1850, que les relations intracommunautaires de 2019 seraient de ce fait moins heurtées que celles de jadis. Hélas, il n'en est rien. Le fond de l'Homme n'a pas changé depuis l'apparition des chasseurs-cueilleurs. Il n'est ni pire ni meilleur qu'il y a 6 millénaires. Certes nos institutions ont évolué : la royauté prétendument absolue a disparu, nous vivons en démocratie et en République depuis 150 ans. Mais ce type de gouvernement existait déjà il y a 2000 ans et a été finement analysé par l'historien grec Polybe. Le constat qu'il a fait sur ce régime il y a plus de deux millénaires est toujours pertinent. Les principes des Romains en matière diplomatique étaient d'un modernisme étonnant ; ils mettaient l'accent sur la notion de guerre juste, les seules que l'*Urbs* pouvait mener. Comme le dit si justement l'ecclésiaste : *rien de nouveau sous le soleil.*

Partie I

Les peuples submergés

Beaucoup de peuples ont été submergés par des immigrants au point de n'être plus qu'une minorité reléguée sur une petite partie de leurs anciens territoires. Bien entendu, nous ne sommes pas dans cette situation, mais les plus pessimistes ajouteront «*pas encore !*»

Les Amérindiens des USA.

Il n'existe aucune estimation fiable sur le nombre d'Amérindiens vivant en Amérique du Nord en 1491. Étaient-ils un million ? Douze millions ? Quand Christophe Colomb est arrivé à Cuba, une grande partie des tribus indigènes de l'Amérique septentrionale avaient dépassé le stade de chasseur-cueilleur. Elles pratiquaient l'agriculture et avaient fondé des agglomérations, même si leur niveau de civilisation n'avait pas atteint celui, élevé, des Aztèques et des Incas. Les nombreuses maladies (variole, tuberculose, …) apportées par les Européens et contre lesquelles les Autochtones n'avaient aucune protection naturelle aurait divisé par 10 le nombre d'indigènes. Du fait de cette saignée démographique, les colons d'origine Anglaise ou Écossaise ont pu s'installer sur la côte Atlantique sans être rejetés à la mer. Les Amérindiens se sont opposés violemment à cette colonisation, mais leur résistance aurait été bien plus vigoureuse, voire victorieuse si les épidémies n'avaient pas décimé les tribus.

Très tôt (dès le XVII ième siècle) les colons anglo-saxons ont conclu des traités avec les Autochtones. Ces chartes étaient toutes bâties sur le même modèle : ils donnaient aux nouveaux arrivés une bonne partie des terres ancestrales des indigènes tandis que le reste était solennellement garanti aux anciens propriétaires. Ces accords ont tous été violés et les Amérindiens ont été refoulés vers l'Ouest. Au dix-neuvième siècle, le gouvernement des États-Unis organisa pour eux un « territoire indien » et il déporta dans cette zone toutes les tribus. Ce « sanctuaire » a vu sa surface diminuer comme une peau de chagrin au fil des années. Et l'ultime refuge des indigènes, l'Oklahoma, a fini par être ouvert à la colonisation le 22 avril 1889. Six « courses à la terre » ont été organisées suivant le principe, premier arrivé, premier servi. Les concurrents étaient invités à se rassembler sur la ligne de départ, c'est-à-dire sur la limite du territoire à se partager. Au signal donné tous s'élançaient et les participants devaient se rendre le plus vite possible sur la parcelle convoitée et planter un pieu avec une pancarte « This land is mine » (Cette terre est mienne). Les heureux élus piétinaient par cette phrase les droits des véritables propriétaires : les indigènes. Le gouvernement américain leur avait pourtant solennellement garanti ce sanctuaire, mais la parole de « l'Homme Blanc » n'avait aucune valeur ; lors de la longue histoire humaine, les conquérants quels qu'ils soient ont rarement respecté les traités qu'ils avaient signés.

Les tentatives de créer un état amérindien (état de Sequoyah) dans la partie orientale de l'Oklahoma échouèrent du fait de l'hostilité du congrès. Le territoire indien disparut officiellement le 16 novembre 1907, avec la création de l'état (blanc) de l'Oklahoma.

Dès 1800, le gouvernement américain essaya, avec des résultats mitigés, de promouvoir l'agriculture chez les Autochtones qui vivaient encore de la chasse et de la cueillette, car ceux qui tirent leur subsistance du bétail et des produits de la terre ont besoin de nettement moins d'espace que les chasseurs. Ce changement de mode de vie indigène laissait plus de place aux colons anglo-saxons. Les Indiens furent confinés sur des réserves, dont les terres étaient les moins fertiles des USA, car les meilleurs emplacements étaient réservés aux descendants d'Européens. L'installation sur ces territoires a été douloureuse. Beaucoup de tribus ont d'abord ignoré les ordres les déportant avant d'être contraintes de se déplacer par l'armée, à l'issue de guerres sanglantes. Le long voyage depuis l'Ouest jusqu'à l'Oklahoma a souvent été un calvaire pour les déportés. Notamment le long de « la piste aux larmes » tragique transhumance qui a concerné 100 000 personnes et qui s'est déroulée entre 1831 et 1839. De 4000 à 8000 cherokees (sur 17 000) sont morts de faim, de froid ou d'épuisement en cheminant le long de cette piste longue de 500 km.

Le Président Ulysse Grant (1868-1876) a confié la gestion des réserves à des religieux. Les quakers ont été particulièrement actifs pendant cette période. Mais cette administration civile a été incapable d'améliorer le confort des indigènes et de nombreuses tribus se sont révoltées (Guerre des Sioux, des Nez percés). La politique de Grant étant considérée comme un échec, le Président Hayes (1877-1881) a changé de stratégie. Les réserves ont été divisées en parcelles individuelles, concédées gratuitement

aux Amérindiens. Par le Dawes Act de 1887, amendé en 1891 et 1906, la vente de terres appartenant à un indigène à des particuliers non indiens a été autorisée. Cette politique ne cessa qu'en 1934 avec l'Indian Réorganization Act sans avoir donné de résultats probants.
Seules exceptions à cet échec général, les cinq tribus civilisées (Cherokees, Chicachas, Chactas, Creeks, Séminoles), ainsi appelées, car elles avaient adopté lorsqu'elles séjournaient à l'Ouest nombre des coutumes des colons Anglo-Saxons (construction de maisons semblables à celles des blancs, exploitation de plantations, possession d'esclaves noirs) ont recréé le mode de vie qu'ils avaient avant leur déportation. Les Cherokees ont relancé notamment leur journal fondé en 1828 sur la côte Ouest, tandis que les Creeks ont rédigé une constitution originale. Ces « civilisés » ont bâti des églises où des pasteurs prêchaient dans leurs langues et créé des écoles primaires et secondaires d'un bon niveau scolaire. Quelques Amérindiens de ces tribus ont réussi à poursuivre dès cette époque leurs études dans des universités « blanches » au prix d'une acculturation totale. En 1870, à l'issue de guerres sanglantes, des déportations de masse, des famines, il n'y avait plus que 27 000 Indiens. Il s'agit du point bas démographique. La remontée a été fulgurante : 66 000 en 1880, 237 000 en 1900, 5 220 000 en 2010, soit une progression apparente de 19 300 % en 140 ans ! Peu de peuples ont connu une telle explosion démographique. Néanmoins le nombre réel d'Amérindiens est peut-être plus bas que celui annoncé. En effet, comme posséder des ancêtres indigènes confère des avantages non négligeable (bourses scolaires ou universitaires entre autres) il existerait de nombreuses fraudes difficiles à quantifier.

Au début du vingt et unième siècle, le gouvernement américain a pris conscience des inégalités et du racisme qui affectaient sa minorité indienne. La citoyenneté a été accordée à tous les indigènes en 1924 (Indian Citizenship Act) en récompense de l'implication des Amérindiens lors de la Première Guerre mondiale (surtout de la part des Cheyennes et des Iroquois). Alors que jusque-là les Autochtones étaient obligés de résider dans leurs réserves, ils ont pu s'installer là où ils le voulaient. Beaucoup ont alors adopté le mode de vie américain et se sont intégrés. Les Iroquois ont été particulièrement nombreux dans la construction des gratte-ciels dans la décennie 1930-1940, car ils étaient réputés pour ne pas avoir le vertige.

Le rapport Mériam publié en 1928 a décrit une situation dramatique dans les réserves : pauvreté, exclusion, avec pour corollaire l'alcoolisme. En 1934, pendant le premier mandat du Président Franklin Roosevelt (1933-1945), l'Indian Réoganisation Act a donné une plus large autonomie politique et économique aux Indiens et a mis fin aux privatisations des terres. Les tribus ont été invitées à se doter de constitutions écrites, qui devaient néanmoins être approuvées par le bureau des affaires indiennes. Cette politique a reçu le nom de *Indian New Deal*

Les autorités ont créé en 1944 le National Congress of Americans Indians (NCAO). Cet organisme était destiné à unir les tribus et leur permettre de présenter des revendications communes. Il devait également servir à maintenir les traditions culturelles des Peuples Premiers. Ces dispositions leur ont permis de récupérer 10 000 km^2 (sur un total actuel de 225 000 km^2)

Les Autochtones ont joué un rôle crucial dans l'effort de guerre américain pendant la Seconde Guerre mondiale. 225 000 d'entre eux se sont engagés dans l'armée US et la langue Navajo a été régulièrement employée pour transmettre en toute sécurité des messages. Les Japonais n'ont jamais identifié l'idiome employé, alors que les codes nippons avaient été déchiffrés en grande partie par les services secrets US.

Entre 1949 et 1953 la Termination Policy devait favoriser l'installation des Amérindiens dans les villes, achever leur assimilation, conférer aux Indiens les mêmes privilèges et responsabilités qu'aux autres citoyens américains et mettre fin au statut de pupilles du gouvernement qui était encore celui des Autochtones. Cette politique s'est révélée, comme les précédentes, être un échec et a été abandonnée. En 1962, la commission des revendications indiennes a versé 4 millions de dollars aux Creeks en compensation d'un traité passé en 1814 et qui avait été violé par les USA. En 1968, on a créé un conseil chargé de gérer les aides financières. À partir de 1969, des activistes indigènes ont mené toute une série d'actions parfois violentes : occupations de l'îlot d'Alcatraz, du bureau des affaires indiennes en 1971 et en 1972 et du site de Wounded Knee, lieu d'un massacre de sioux en 1890. Le mouvement de contestation refusait l'assimilation et souhaitait maintenir le mode de vie ancestral. En 1975 la souveraineté du conseil tribal a été renforcée. Pour pallier la misère qui était souvent le lot des réserves, une loi en 1988 a permis d'ouvrir des casinos dans les zones indiennes, ce qui a enrichi les tribus sans pour autant régler les problèmes sociaux. En 10 ans le revenu moyen des Peuples Premiers a cru de 27 %.

En vertu des traités signés au dix-neuvième siècle et foulés aux pieds, beaucoup de tribus ont reçu des dédommagements parfois conséquents. Ainsi, les Séminoles qui, au XVIII ième siècle ont recueilli en leur sein nombre d'esclaves noirs en fuite au point de modifier leur composition ethnique, ont obtenu 56 millions de dollars pour avoir été expulsés de Floride entre 1810 et 1840. Néanmoins ce pactole a créé des tensions raciales : 1500 personne ont été depuis exclues de la tribu des Séminoles sous le prétexte qu'elles n'avaient pas assez de sang Amérindien (en sous entendant qu'elles étaient « trop noires ».) L'administration Obama a accéléré les procédures en cours pour mettre fin aux litiges et au total 2,6 milliards de dollars ont été redistribués aux Autochtones.

Il existe 310 réserves Amérindiennes principalement situées à l'ouest du Mississipi pour environ 550 tribus (certaines d'entre elles n'ont pas de réserve qui leur est affectée, d'autres en ont plus d'une, quelques-unes partagent un territoire commun). Les réserves sont gérées par le bureau des affaires indiennes qui dépend du département de l'intérieur des États-Unis. Elles ne sont que prêtées à leurs occupants et restent, selon la constitution américaine, la propriété des États. Le statut des terres situées dans ces zones et vendues à des non-Indiens crée de nombreuses difficultés administratives, juridiques et politiques.

La superficie totale des réserves représente 2,3 % de la surface des États-Unis. 12 réserves sont plus grandes que le Rhode Island (3 144 km^2) et 9 plus que le Delaware (5 327 km^2). La réserve des Navajos (60 000 km^2) est aussi grande que la Virginie Orientale. Par comparaison on estime que les colons Anglo-saxons ont confisqué aux indigènes 700 000 km^2 (7,1 % de la superficie des USA) en violation des traités qu'ils avaient passés.

Moins d'un tiers des Amérindiens vivent dans les réserves, mais quel que soit leur lieu de résidence, ils restent organisés en tribus à la tête desquelles est placé soit un chef élu, soit un conseil tribal. Les dirigeants des tribus peuvent organiser des referendums et faire valoir les droits de leur peuple devant les tribunaux. Certaines nations indiennes comme les Cherokees disposent d'une constitution écrite. Chaque tribu reçoit une aide fédérale proportionnelle au nombre de ses membres.
Les Autochtones qui en font la demande peuvent recevoir du bureau des affaires indiennes un certificat indiquant leur degré de sang indigène. Pour cela, ils doivent fournir leur arbre généalogique. En principe les enfants adoptés ne peuvent se prévaloir de l'indianité de leurs parents adoptifs. Les tribus et l'administration exigent un pourcentage minimal pour recevoir quelques avantages administratifs, juridiques ou fiscaux. Ainsi, les cherokees de l'Est demandent d'avoir au moins 1/16 ième de sang indien pour s'inscrire dans la réserve et le bureau des affaires indiennes donnent des bourses au collège à partir d'un quart de sang indigène. Pour entrer dans des universités réputées avoir un ou plusieurs ascendants autochtones est un plus appréciable et nombre d'étudiants procèdent pour cette raison à des tests génétiques. Tout cela comme je l'ai déjà signalé explique en grande partie l'explosion du nombre d'Autochtones.
Si une bonne part des Amérindiens sont assimilés, le taux de pauvreté de cette tranche de population est de 25,7 % contre 12,4 % dans le reste du pays. Mais toutes les tribus ne sont pas égales. Ainsi, les Sioux et les Navajos ont des taux catastrophiques (supérieurs à 37 %) contre 18 % pour les autres tribus. Si les conditions de vie se sont globalement améliorées, les communautés souffrent de

nombreux maux sociaux : sida, violence, alcoolisme, drogue.

On assiste à un renouveau identitaire chez les Amérindiens : organisation de chasses aux bisons selon les traditions anciennes, atelier de tissage et de poteries ou cours de langues.

Un problème juridique qui a longtemps été débattu dans les instances Américaines est celui du statut des nations indiennes. Constituaient-elles des états indépendants dont les relations avec la République Américaine devaient se placer sur un plan d'égalité et au niveau des Affaires étrangères ? La Cour suprême a fini par affirmer que non, ce qui a permis la spoliation des Amérindiens et la violation des traités

Nous avons l'exemple typique d'un peuple dépossédé de sa terre natale par des envahisseurs et relégué sur une petite fraction du territoire qu'il possédait initialement. Nous en verrons d'autres. Imaginer une Amérique du Nord qui se serait développée sans immigration européenne est utopique. Elle était trop peu peuplée pour ne pas attirer des migrants venus d'Europe, alors que ce continent était en pleine expansion démographique. On peut regretter les innombrables traités systématiquement violés, mais, encore une fois il s'agit d'une constante dans l'Histoire humaine : le fort a toujours spolié le faible quelle que soit la race ou la religion du conquérant. *Malheur au vaincu* revient avec une désespérante régularité au fil des siècles. Néanmoins de tout temps les Indiens ont eu des défenseurs parmi les hommes politiques US, ce qui est à porter au crédit de la démocratie américaine. De même, tardivement au vingt et unième siècle, le gouvernement des États-Unis a reconnu ses torts et a indemnisé les tribus.

Les Autochtones canadiens

Le pays à la feuille d'érable a longtemps dépendu directement de la Grande-Bretagne qui tant qu'elle était seule à décider sans assemblée locale a mieux traité ses indigènes que les USA. Notamment, en 1763, après la victoire sur les Français, la Couronne Britannique a réservé aux Indiens les territoires du Nord-Ouest (autour des Grands Lacs et de la rivière Ohio) immense région fertile qui ne comptait que 2000 trappeurs et agriculteurs francophones et une dizaine de forts. Cette décision n'a pas été acceptée par les treize Colonies de la côte atlantique, car leurs habitants souhaitaient poursuivre leur colonisation au-delà des Appalaches. C'est avec la taxation des importations une des causes, peut-être la plus importante, de la guerre d'indépendance américaine.

Néanmoins si les Britanniques ont mieux respecté les traités qu'ils passaient avec les Autochtones que leurs voisins du sud, les problèmes de Amérindiens canadiens sont les mêmes que ceux de leurs homologues américains Les indigènes (Indiens, Inuits et Métis) représentent 4,3 % de la population du Canada répartis en 630 bandes ou gouvernements amérindiens.

Comme aux USA, les Indiens ont d'abord été encouragés à se sédentariser, mais comme aux États-Unis, cette politique s'est révélée être un échec. Dès 1857 (bien avant les USA) le gouvernement canadien a permis aux Autochtones de s'affranchir, c'est-à-dire d'obtenir toutes les capacités légales des autres habitants du pays. En contrepartie, le bénéficiaire de cette disposition devait renoncer aux avantages spécifiques aux Indiens.

En 1876, les réserves ont été mises en place, les religions traditionnelles ont été bannies, la christianisation a été rendue obligatoire (en retirant aux non-chrétiens le droit de témoigner, d'aller devant les tribunaux ou de consommer de l'alcool).

En 1920, les autorités canadiennes ont interdit le port d'habits coutumiers et la pratique des danses traditionnelles. Les enfants ont été envoyés contre l'avis de leurs parents dans des pensionnats souvent catholiques et aux conditions spartiates. Entre 1847 et 1996, 150 000 enfants ont été ainsi placés. Certains étaient enlevés dans la rue alors qu'ils jouaient sans que leurs parents ne soient prévenus. En outre, entre 1960 et 1980, 20 000 enfants autochtones ont été retirés à leur famille pour être placés dans des foyers non indigènes.

En 2008, le Premier ministre du Canada Stéphen Harper a demandé pardon aux Peuples Premiers pour cette politique d'assimilation forcée et son successeur Justin Trudeau a mis en place une politique « dite de réconciliation » avec les Aborigènes, mais celle-ci une fois acquise l'application de la charte de l'ONU des peuples autochtones, s'est heurtée au délicat problème de l'indemnisation des enfants indigènes retirés à leurs familles.

Les Amérindiens proprement dits représentent les deux tiers des indigènes. Ils se répartissent en 50 tribus. La majorité d'entre elles possèdent un territoire dont l'usage leur est réservé et dans lequel ils jouissent d'une certaine autonomie. Cependant, comme aux USA la majorité des Amérindiens vivent en ville et non sur leur réserve, et comme aux États-Unis le taux de pauvreté est plus élevé dans cette communauté que dans le reste du pays, avec pour corollaire, les fléaux du sida, de l'alcoolisme et des drogues. La violence domestique y est plus élevée et on estime que les abus sexuels touchent entre 25 % et 50 % des jeunes filles contre 20 % dans le reste du pays. De même en 2007, 17 % des individus incarcérés étaient des Autochtones, un taux quatre fois supérieur à celui de la population totale. Les réserves n'ont pas non plus des conditions de vie acceptables. En particulier, ils rencontrent des problèmes d'eau potable et certaines tribus sont obligées de faire bouillir leur eau depuis 20 ans. Les Inuits qui habitent dans les régions Arctiques sont 40 000. Si une grande partie est sédentaire, beaucoup d'entre eux tirent encore leur subsistance de la chasse et de la pêche. Ils vivent au Labrador dans le territoire fédéral du Nord-Ouest, dans le Nunavut, qui a été spécialement créé en 1999 pour eux, et dans le Nunavik qui est une région du Québec. Les Inuits sont collectivement représentés par l'Inuit Tapiriit Kanatami qui négocie notamment leurs revendications territoriales. En effet, les zones arctiques du Canada possèdent de grandes richesses minières et peut-être pétrolières.

Les Métis (environ un tiers des indigènes) constituent le dernier groupe autochtone reconnu par les autorités canadiennes. Ils descendent de mariages anciens entre Européens et femmes amérindiennes. Ils ont une langue particulière, le métchif, un créole développé à partir du Français et de la langue cri, mais cet idiome a beaucoup reculé devant l'Anglais. Un accord préliminaire a été signé en 2005, organisant un territoire métis autonome dans le Manitoba, le long de la rivière rouge. Il s'agissait d'une vieille revendication des Métis : entre 1869 et 1870, les Métis du Manitoba se sont rebellés contre la nouvelle fédération canadienne ; un gouvernement provisoire a été mis sur pied et a réclamé la création d'un nouvel état fédéré l'Assiniboine. Ce soulèvement a été réprimé par les armes ; le chef de l'insurrection Louis Niel s'est enfui aux États-Unis avant de revenir en 1884 au Saskatchewan où un grand nombre de Métis avaient émigré depuis le Manitoba. Niel, aidé par des tribus indiennes, organisa un second gouvernement provisoire. Malgré une série de victoires, sa rébellion fut écrasée par la police montée, renforcée par des miliciens anglophones. Niel fut pendu avec deux chefs indiens pour trahison en 1885.

Les Autochtones du Canada réclament leur droit à la souveraineté (qui serait supérieure à l'autonomie dont il dispose) en se basant sur la proclamation royale de 1763 dont j'ai déjà parlé. Cette charte a été reprise dans les deux constitutions successives du Canada et garde donc une valeur juridique.

Comme aux États-Unis, le problème des faux Autochtones se pose avec acuité. Il s'agit de personnes dans les veines desquelles ne coule aucun sang amérindien, mais qui se proclament indigènes et qui parfois se font élire à des postes à responsabilité dans les tribus, en s'appuyant sur les descendants d'Aborigènes vivant en ville. Les raisons de cette usurpation sont multiples : soif de reconnaissance, intérêt pour la cause indienne et croyance en sa capacité à la faire avancer, opportunisme ou plus simplement envie de profiter d'avantages matériels. Ils seraient 200 000 en Amérique du Nord d'après certaines estimations.

En février 2020, les indigènes ont établi de nombreux barrages ferroviaires, ce qui a posé des problèmes économiques à un pays étendu et encore tributaire du rail. Un projet de gazoduc qui doit traverser les terres ancestrales des Wet Suwet En a mis le feu aux poudres. Si une partie des chefs de la tribu ont signé un accord autorisant le pipe-line en échange du paiement d'un droit de passage, une fraction des indigènes vivant dans la réserve concernée refusent pour des raisons écologiques cette construction. Des Autochtones d'autres tribus et par des militants écologistes ont mis en place par solidarité des barrages ferroviaires dans tout le Canada. Justin Trudeau a entrepris de les faire lever par la force, le mettant à porte à faux avec sa politique de réconciliation.

Amérindiens de l'Amérique centrale et du sud

La part des Aborigènes et des métis est très importante en Amérique du Sud sauf en Argentine, en Uruguay et au Brésil où leur proportion ne dépasse pas 8 %. Les anciens territoires des Aztèques, des Mayas ou des Incas, siège de brillantes civilisations, vaincues par les Espagnols ont vu s'opérer la fusion entre envahisseurs et peuples indigènes. L'Amérique du Sud compte 375 millions d'habitants dont 43 % sont blancs (appelés aussi créoles), 29 % métis blancs-amérindiens, 13 % métis blancs-noirs qu'on retrouve surtout au Brésil, au Venezuela et en Colombie. Les Noirs et les Amérindiens représentent 7 % chacun de la population totale, le reste est constituée de minuscules communautés asiatiques. Par exemple, les indo-Pakistanais sont majoritaires au Surinam tandis que les Indiens (d'Asie) le sont dans la Guyana.

Les régions habitées par des populations restées au stade de la chasse et de la cueillette (surtout en Amazonie et près de la Terre de Feu) ont connu une évolution similaire à celle des USA et du Canada avec les mêmes maux : instauration de réserves, misère et pauvreté. Le Brésil est en retard sur cette évolution : il est seulement en train de créer en Amazonie des réserves sur le modèle nord-américain en procédant à la démarcation des terres indigènes. Des abus ont été constatés dans le passé au

Brésil et l'instauration de zones réservées aux Indiens se heurte à de nombreux intérêts économiques que le nouveau Président semble désormais vouloir privilégier au détriment des droits des tribus. En Argentine le sort des Indiens s'améliore lentement depuis le retour de la démocratie. Au Chili, les Mapuches ont tenu tête aux Espagnols pendant plus de trois siècles. Ils ont tenté de créer entre 1860 et 1863 un royaume d'Araucanie et de Patagonie dirigé par un souverain français, Antoine de Tounens. Mais le territoire des Mapuches a finalement été conquis par les Chiliens en 1883. Un système de réserve comme aux USA a été alors mis sur pied, mais depuis 1973 la superficie des zones réservées aux Indiens a été divisée par deux et de nombreuses terres indigènes ont été vendues aux non-Indiens. Les Mapuches revendiquent l'indépendance de la partie du Chili située au sud du fleuve Bio-bio en se référant à un traité signé en 1641 avec les Espagnols à qui ils donnent une valeur internationale.

Les indigènes de l'Uruguay, notamment les Charruas, un peuple fier et guerrier, ont été exterminés peu après l'indépendance de ce pays et les survivants ont été réduits en esclavage. Cette servitude n'a pris fin qu'à la chute de la dictature en 1985. L'Uruguay a depuis reconnu le génocide des Charruas, mais est le pays d'Amérique latine comptant le moins d'Autochtones si on excepte les îles Caraïbes. Dans ces territoires les Indiens ont disparu au XVIe siècle du fait des maladies et des mauvais traitements.

Le Paraguay a connu une expérience originale. Les Jésuites ont, à partir de 1606, organisé des « réductions », des agglomérations d'indigènes guaranis sédentarisés. En 1732, il existait une trentaine de réductions pour un total de 141 000 indigènes. Le chef de ces missions, le corregidor était nommé par les Jésuites, mais toutes les autres charges étaient occupées par des Indiens élus par leurs pairs. La journée de travail n'était que de six heures par jour, le reste étant consacré à la musique, la danse, le tir à l'arc et aux prières. La population guaranie était entièrement alphabétisée. Une armée a été mise sur pied pour défendre les réductions contre les chasseurs d'esclaves installés au Brésil. À partir de 1735, les jésuites sont entrés en conflit avec les autorités coloniales espagnoles. Une grande partie des réductions a été cédée en 1740, au Portugal. Les Jésuites ont été expulsés du Paraguay, en 1767 et l'ordre a été supprimé en 1773. Les Guaranis ont alors abandonné leurs villages et sont retournés dans la forêt. Néanmoins, le Paraguay indépendant a tiré parti de cette expérience et au début du XIXe siècle il était économiquement plus développé que ses voisins. Malheureusement, une guerre terrible, celle de la triple alliance, l'a opposé entre 1865 et 1870 à l'Uruguay, au Brésil et à l'Argentine. À l'issue de ce conflit, la population du Paraguay a été réduite des deux tiers avec un terrible déséquilibre entre les sexes (quatre femmes pour un homme chez les survivants.)

Le Mexique, le Chili, le Pérou, l'équateur, le Venezuela, la Colombie représentent un modèle différent du Brésil, de l'Argentine et de l'Uruguay et de l'Amérique du Nord qui sont des colonies de peuplement européen. Les indigènes de l'Amérique Centrale, du bassin de l'Orénoque et du nord des Andes étaient nombreux, civilisés et s'ils ont été décimés par les maladies importées d'Europe, ils ont mieux résisté à l'esclavage imposé par les Espagnols ; ils se sont mélangés avec leurs vainqueurs et ont adopté leur religion, leurs mœurs et en grande partie leur langue.

En Colombie, les populations originaires d'Espagne ou d'Afrique sont intimement mêlées aux Amérindiens et peu de Colombiens n'ont qu'une seule origine. Les gènes d'un citoyen lambda sont en moyenne à 65 % européens, à 22 % indigènes et à 13 % africains. Néanmoins, 86 % de la population se considère comme blanche ou mestizos (métis blancs indiens). La législation de ce pays reconnaît des groupes ethniques minoritaires : des afrocolombiens, des indigènes (dont la plupart habitent l'Amazonie colombienne) et des roms. Les Aborigènes sont régis par le système des réserves, mais, comme au Brésil, la prospection minière empiète sur leurs zones. Ainsi, une gigantesque mine de charbon a été ouverte dans la réserve des Wayuus bien qu'elle pollue l'eau et les terres.

Au Mexique, les épidémies du XVIe siècle auraient fait passer la population indigène de vingt millions à un million. Après l'indépendance obtenue en 1821, la bourgeoisie créole au pouvoir a mené une politique anti-indigène, en dépit de la Présidence de Benito Juarez (1861-1862 et 1867-1872) qui était un pur indien. En 1910, le domaine foncier détenu par les communautés autochtones était réduit au minimum. La réforme agraire qui a suivi la révolution de 1910 a corrigé en partie cette injustice. Mais il subsiste toujours un problème amérindien au Mexique. Beaucoup d'indigènes vivent en dessous du seuil de pauvreté. Ceux qui habitent dans les zones rurales n'ont pas assez de terres à leur disposition.
Au Chiapas, des intellectuels tiers-mondistes ont créé l'armée zapatiste de libération nationale, du nom d'Émilio Zapata un des chefs (non indigène) avec Pancho Villa de la révolution de 1910. Le porte-parole le plus célèbre de cette organisation est un créole, le sous-commandant

Marcos. Après que ce mouvement eut déclaré la guerre le 1er janvier 1994 un conflit armé d'une dizaine de jours qui a fait 200 morts l'a opposé à l'armée mexicaine. Un cessez-le-feu unilatéral des autorités a mis fin aux affrontements, des négociations se sont ouvertes et un premier accord a été signé en février 1996 ; il n'a pas été ratifié par le Président mexicain pour des raisons constitutionnelles. Après l'échec des pourparlers, le Chiapas a connu une guerre de basse intensité marquée par des exactions des groupes paramilitaires. De nouvelles négociations ont débouché sur un accord en 2001, mais, malgré une révision constitutionnelle, le congrès de Mexico a refusé d'octroyer l'autonomie un temps envisagée. La crise s'est donc prolongée sans avancées notables. Les zapatistes se considèrent comme non violents et même s'ils ont des armes, ils prétendent qu'ils ne s'en servent pas.

En Bolivie, l'état d'Amérique du Sud où les Indiens sont les plus nombreux, le suffrage universel n'a été instauré qu'en 1952. Le pouvoir était jusqu'alors réservé aux élites blanches. Le mouvement nationaliste révolutionnaire au pouvoir entre 1952 et 1960 a nationalisé les mines d'étain et procédé à une vaste réforme agraire. Après une longue période de dictature qui a pris fin, en 1982, la Bolivie a attendu 2006 pour se doter de son premier Président indigène Evo Morales. Le nouveau chef de l'État a nationalisé les gisements de gaz récemment découverts et a mené une politique résolument pro-indienne. La Bolivie s'est déchirée par la suite sur les projets de nouvelle constitution. Les régions du nord où les Créoles sont nombreux souhaitaient une large autonomie, alors que les peuples autochtones s'y opposent de peur d'être privés de la manne pétrolière. Pour finir une large décentralisation a été instaurée, en 2009 et des droits nouveaux ont été accordés aux Amérindiens. Une loi promulguée en 2004 a retiré aux partis le monopole de la présentation des candidats et l'a donné à des groupes de citoyens et d'autochtones. En 2019 la candidature d'Evo Morales aux présidentielles, illégale au regard de la constitution en vigueur, et les accusations de fraude au premier tour ont conduit à un coup d'état qui a renversé M. Morales. De nouvelles élections sans l'ancien président vont être organisées, mais on note une réaction anti-indigène de la part du gouvernement provisoire.

En Équateur, il existe de nombreuses communautés indigènes notamment dans l'Amazonie. En 1990, les Autochtones ont bloqué le pays par des manifestations pacifiques, notamment en s'asseyant par terre au milieu des routes. Pour mettre fin à cette agitation le Président Borja a dû concéder à la confédération des Shuars la possession de 11 000 km^2 de terres situées en Amazonie, alors que la superficie totale de l'équateur n'est que de 283 000 km^2. Cette restitution a été mal acceptée par les autorités équatoriennes et des escarmouches opposent depuis indigènes et militaires. En octobre 2019 une grave crise a éclaté en Équateur, les indiens de ce pays se sont révoltés après le doublement, à la demande du FMI, du prix de l'essence. Les troubles ont fait une dizaine de morts indigènes avant qu'un accord ne soit signé et ne ramène un calme précaire.

Au Pérou l'esclavage des Noirs et le tribut des Indiens (instauré par les Espagnols) furent progressivement supprimés entre 1845 et 1862. Faute de statistiques ethniques, on estime à 45 % les Péruviens d'origine principalement indigène, à 40 % de métis (y compris avec des noirs) et à 15 % ceux d'ascendance européenne. Les communautés amazoniennes sont les seules à ne pas avoir

été totalement acculturées. Aucun parti péruvien ne porte les revendications spécifiques des Amérindiens, contrairement à la Bolivie et à l'Équateur.
En Guyane française, les indigènes constituent moins de 5 % de la population totale. Ils vivent sur le littoral ou le long du fleuve Moroni. Beaucoup d'entre eux tirent encore leur subsistance de la chasse et de la pêche et pratiquent une agriculture sur brûlis. Mais ils sont confrontés aux orpailleurs clandestins qui prélèvent trop de gibiers et de poissons (alors que les ressources alimentaires sont limitées) tout en empoisonnant les eaux et les terres avec l'arsenic et les produits chimiques dont ils se servent pour extraire de l'or. Les autorités françaises essayent d'endiguer ce phénomène, mais n'ont pas les moyens nécessaires pour contrôler une frontière longue de 730 km. Les communautés Amérindiennes de la Guyane restent à l'écart du progrès : bien qu'ils soient en principe des citoyens Français comme les autres, la scolarisation et l'électrification restent déficientes du fait de leur isolement.

Les peuples autochtones d'Amérique Centrale et du Sud ont été donc eux aussi submergés par les Européens. Les communautés restées à l'âge de Pierre ont été parquées, comme en Amérique du nord dans des réserves. Ceux qui sont issus des brillantes civilisations découvertes par les Espagnols au début du XVIe siècle ont gardé un poids démographique important, mais ils ont été largement acculturés. Les empires Aztèque et Inca étaient de création récente au moment de l'arrivée des conquistadors. Ils avaient soumis par la force de très nombreux peuples et les avaient obligés à changer de langue et de religion. Sur le fond, il n'existe aucune différence entre les dominations

Inca, Aztèque et Espagnole qui étaient toutes les trois étrangères à la plupart des communautés indigènes.

Les Indigènes australiens

Les ancêtres des Aborigènes seraient arrivés en Australie, il y a 175 000 ans (date contestée et peu fiable) en empruntant un passage terrestre entre l'île et la Nouvelle-Guinée ; selon la génétique, ils auraient été ensuite coupés du reste du monde, il y a 50 000 ans, sans doute par la montée du niveau de la mer, consécutive à la fonte des banquises américaine et européenne. À l'arrivée du capitaine Cook qui annexa l'Australie, les indigènes étaient répartis en 150 tribus qui occupaient toute l'île et avaient chacune ses lois, sa culture et sa langue particulière. Les Aborigènes s'opposèrent par les armes aux colons anglo-saxons. Dans le Territoire du Nord, des incidents se produisaient encore au début du XX ième siècle tandis que la Tasmanie a été le théâtre pendant 50 ans d'une guérilla acharnée. Comme en Amérique, les représailles des colons, les maladies, les famines provoquées par l'accaparement des ressources alimentaires par les nouveaux venus, la consommation abusive d'alcool ont provoqué des ravages dans les rangs des Aborigènes. La dernière représentante de la communauté de l'île de Tasmanie est morte en 1876.

Les indigènes ont adopté le mode de vie occidental, tout en influençant les colons anglophones. 70 % des noms de lieux sont d'origine aborigène, certaines intonations et des mots du dialecte australien proviennent des Autochtones. En 1838, les autorités anglaises ont mis en place un protectorat des indigènes chargés de défendre leurs droits et d'empêcher les empiétements des colons. Néanmoins, cette agence gouvernementale s'est révélée trop rigide :

elle empiétait sur les libertés des indigènes en décidant notamment de l'endroit où ils devaient résider et en s'arrogeant le droit d'autoriser ou pas les mariages. Elle a été supprimée en 1970.

Les autorités britanniques ont, comme en Amérique, créé des réserves et ont contraint les indigènes à s'y installer ; des religieux de diverses confessions ont évangélisé ces populations et ont organisé leurs communautés, mais comme en Amérique leur rôle n'a pas toujours été bénéfique.

Les colons ont obtenu la création d'un gouvernement responsable en 1850. Si on excepte le Queensland et l'Australie-Occidentale où ils étaient officiellement exclus, les indigènes pouvaient en théorie voter, mais rien n'a été fait pour les inciter à s'inscrire sur les listes électorales. En 1895, toutes les femmes adultes y compris Aborigènes ont obtenu le droit de vote, mais il est resté longtemps théorique pour les Autochtones.

Dans les années 1940, la vie dans les réserves était précaire et difficile. Le gouvernement a alors créé un système de laissez-passer pour que les indigènes puissent s'installer dans le reste du pays. Le droit de vote a été reconnu en 1950 aux anciens combattants indigènes et à ceux, peu nombreux, qui étaient inscrits sur les listes électorales des États de la fédération ; toutefois le Queensland, l'Australie-Occidentale et le Territoire du Nord n'avaient toujours accordé à cette époque le droit de vote aux Aborigènes.

À partir de 1950, les autorités australiennes ont mené une politique d'assimilation en accordant aux Autochtones tous les droits de leurs compatriotes anglo-saxons tout en restreignant leur identité culturelle.

Entre 1909 et 1969, sur ordre du gouvernement australien des enfants, ont été arrachés à leur mère pour être placés dans des orphelinats, des missions ou des foyers d'accueil. Il s'agissait d'assimiler ces populations dans le but d'obtenir « une Australie blanche ». Mais au-delà du drame humain provoqué par la séparation avec les parents, l'éducation donnée était médiocre et débouchait souvent sur du travail manuel peu valorisé tandis que la culture indigène n'était pas respectée. Cette politique dite « des générations volées » a traumatisé les Aborigènes.
En 1962, les Autochtones ont tous obtenu le droit s'inscrire sur les listes électorales et ils furent à la suite d'un referendum inclus dans les recensements nationaux. En 1972, l'égalité salariale entre indigènes et Australiens a été proclamée, mais cette mesure d'équité a provoqué paradoxalement du chômage chez les Aborigènes jusqu'alors légalement sous-payés, obligeant beaucoup d'entre eux à se tourner vers les aides sociales et l'assistanat.
En 1971 un indigène est devenu sénateur fédéral et en 1980 un autre a obtenu un ministère dans un des états fédérés.
À partir de 1976, le gouvernement Australien a procédé à une restitution partielle des terres confisquées au siècle dernier et de nombreux Aborigènes sont revenus vivre sur les lieux d'où leurs ancêtres avaient été chassés. Ils sont concentrés dans les contrées septentrionales de l'Australie. Les réserves indigènes constituent 10 % du territoire de la Fédération.
L'Australie a peu à peu pris conscience des torts qu'elle avait vis-à-vis de sa communauté aborigène. Leur propriété foncière ancestrale a été reconnue en 1992 par la Haute Cour ; celle-ci a rejeté également la fiction

juridique de la *terra nullius* qui a permis la prise de possession de l'Australie en 1786. Et le 20 mars 2019, elle a condamné le Territoire du Nord à verser 2,5 millions de dollars australiens à une tribu indigène en dédommagement de 2,7 km^2 des lieux de rituels aborigènes sur lesquelles le Territoire du Nord a construit des infrastructures (routes, prélèvement de graviers, ouverture d'une mine) sans avoir demandé l'avis des indigènes comme il était tenu de le faire depuis une loi de 1933. Ce jugement va faire jurisprudence et ouvre la voie à de multiples dédommagements à l'avenir.

En 2008 le chef du gouvernement australien et le leader de l'opposition se sont symboliquement excusés au nom leur peuple pour les crimes commis dans le passé envers les Aborigènes. La même année a été lancé un programme d'aide aux indigènes qui n'a pas obtenu le succès escompté.

Le nombre d'Autochtones à l'arrivée des Européens était compris entre 300 000 et 1 0000 000 d'individus. On pense qu'ils n'étaient plus que 60 000 en 1920. Ils étaient 239 000 lors du recensement effectué en 1991 et 650 000 en 2016 soit une progression de 1083 % en 100 ans. Le recensement de 2006 montre que 50% des Indigènes vivent hors des réserves ; ceux-ci ont des métiers diversifiés, leur espérance de vie est semblable à celle de leurs concitoyens anglo-saxons tandis que le niveau secondaire et universitaire de leurs enfants est supérieur à la moyenne. Mais les Autochtones qui habitent dans des réserves sont en proie à la misère et à l'alcoolisme, leurs revenus sont très bas et ils meurent souvent jeunes. À noter que vis-à-vis du recensement il n'y a pas de métis. On est soit aborigène (même si on est blanc d'apparence) ou non aborigène.

Les Indigènes de la Nouvelle-Zélande

Les Maoris de Nouvelle Zélande sont originaires de l'est de la Polynésie. La date d'arrivée des premiers colons est inconnue. Certains historiens la placent vers 700 après Jésus-Christ, d'autres en l'an 1000. L'année 1300 est également invoquée, mais cette date impliquerait soit une migration massive soit une progression démographique fulgurante pour expliquer l'importance de la population lors de la découverte en 1642 des deux îles néo-zélandaises par Abel Tasman navigateur néerlandais. Les Maoris tiennent particulièrement à leur généalogie qui remonte souvent à trente générations avant eux et dont l'ancêtre habitait, selon eux, l'île mythique d'Hawaiki

Les Maoris ont emmené avec eux le chien et le rat polynésien ainsi que le taro, l'igname, le mûrier à papier et la patate douce. Les conditions d'installation étaient favorables et les ressources alimentaires variées. Les indigènes ont provoqué par une chasse trop intensive l'extinction de plusieurs espèces, dont le Moa. Les premiers rapports sur cette région décrivent les Maoris comme une race fière et belliqueuse. Les guerres entre tribus étaient nombreuses et les vaincus étaient réduits en esclavage par leurs vainqueurs. L'anthropophagie rituelle était également pratiquée.

La Nouvelle-Zélande est restée 150 ans après sa « découverte » à l'écart de la domination européenne, même si les contacts étaient fréquents, notamment avec les chasseurs de phoques et de baleines. Un flot continu de prisonniers australiens en fuite ou de déserteurs de navires occidentaux ont exposé les indigènes aux influences extérieurs. On estime à 2000 le nombre de *Palekas* (blancs) présents sur le sol néo-zélandais en 1830.

Le statut de ces immigrants variait, d'esclaves à haut conseiller et certains d'entre eux avaient totalement rejeté la culture occidentale pour se « maoriser ». Les roitelets indigènes cherchaient à se procurer auprès des commerçants occidentaux des armes et des technologies nouvelles. L'acquisition de mousquets par une partie des tribus a déstabilisé l'archipel. Un sanglant conflit intertribal, *la guerre des mousquets* a provoqué l'extermination de nombreux groupes indigènes et la déportation d'autres hors de leurs territoires traditionnels. Comme en Amérique ou en Australie, les épidémies ont tué un nombre important de Maoris. Les estimations des pertes varient entre 10 % et 50 %.

L'arrivée de missionnaires, l'anarchie qui régnait en Nouvelle-Zélande, ont poussé la Grande-Bretagne à intervenir. En 1835, pour éviter que ce territoire ne soit annexé par les Français, un diplomate britannique a mis sur pied une confédération (les tribus unies de Nouvelle-Zélande) qui a proclamé son indépendance, aussitôt reconnue par Londres. Ce proto état qui s'étendait sur le nord de l'île septentrionale était doté d'un drapeau toujours utilisé par la marine néo-zélandaise. C'était une nécessité, car nombre de roitelets maoris s'étaient lancés dans le commerce maritime et un navire doit toujours arborer un pavillon. En 1840, la Grande-Bretagne a annexé l'archipel après avoir négocié et signé le traité de Waitangi avec des chefs du nord de la Nouvelle-Zélande. Cet accord a été par la suite ratifié par d'autres tribus. Ce traité faisait des Maoris des sujets britanniques, mais leurs droits de propriété et leur autonomie étaient garantis. Cependant, on peut douter que les indigènes aient compris toutes les clauses de l'accord ; il serait donc invalide sur le plan légal.

Les tribus sudistes ont tenté dans les années 1860 de mettre sur pied une monarchie indigène concurrente dans la région du Wakaito. Les Britanniques réprimèrent par la force ces velléités indépendantistes et à l'issue d'une guerre peu sanglante ils ont procédé à de larges confiscations de terres. Des indigènes qui avaient aidé les Anglais ou qui n'avaient pas participé au soulèvement ont été parfois victimes de ces spoliations. Dans les années 1880, un mouvement de résistance passive dans la région du Taranaki a été réduit par la force.

Avec la perte d'une grande partie de leurs terres, les Maoris sont entrés en déclin et à l'orée du vingtième siècle beaucoup pensaient que les Maoris allaient disparaître en tant que groupe ethnique et qu'il ne resterait que des métis entièrement assimilés par les « blancs ». Les Maoris n'étaient plus que 50 000 en 1916, mais comme les Amérindiens des USA et les Aborigènes Australiens ils ont connu une remarquable renaissance. Ils sont actuellement 730 000 en Nouvelle-Zélande (15 % de la population totale) et 130 000 en Australie.

Les indigènes ont obtenu en 1895 le droit de vote quand un gouvernement responsable a été établi en Nouvelle-Zélande, droit plus théorique que réel. Pendant la Seconde Guerre mondiale, le gouvernement néo-zélandais avait exclu les Maoris de la conscription qu'il avait instauré, mais les indigènes ont été nombreux à s'engager. Cette participation volontaire au conflit a fait beaucoup pour intégrer les Autochtones, même si les relations entre les deux principaux groupes ethniques de la Nouvelle-Zélande restent conflictuelles.

Tout au long du vingtième siècle, on a assisté à une remarquable renaissance culturelle maorie en dépit de très nombreux mariages mixtes. Le gouvernement a reconnu

une partie des spoliations et a commencé à les indemniser. En 2003, les Maoris ont obtenu d'être consultés et de recevoir des dividendes pour tout projet (stations balnéaires, forages pétroliers, fermes acqua-marines) qui empiètent sur leur domaine maritime, mais ils doivent pour cela prouver une occupation ininterrompue depuis 1840, ce qui n'est pas toujours facile. Beaucoup de descendants des colons anglophones s'opposent à cette reconnaissance de leurs droits de peur de perdre l'accès aux plages.
Si en 2010 la Nouvelle-Zélande a signé la charte des peuples autochtones, si des écoles en langue maorie ont été créées, la situation des indigènes reste difficile et beaucoup d'entre eux sont en proie à la misère, à l'alcoolisme et à la violence conjugale.
Des activistes anglo-saxons militent pour échanger le drapeau national proche de celui de la Grande Bretagne contre celui des tribus unies de Nouvelle-Zélande, l'état croupion installé par l'Angleterre entre 1835 et 1840.

Les Kanak de Nouvelle-Calédonie

Seule colonie de peuplement restée dans le giron de la France, la Nouvelle-Calédonie a été occupée progressivement à partir de l'an mil avant Jésus-Christ par des colons originaires des Philippines et de Taiwan. Ils se sont différenciés des autres Mélanésiens vers 200 avant Jésus-Christ et ont fondé une civilisation basée sur la pierre polie et la culture de la terre (ignames et taros). Ce peuple guerrier pratiquait parfois l'anthropophagie. La Nouvelle-Calédonie a été « découverte » par le navigateur britannique James Cook en 1774. Des missions protestantes et catholiques se sont installées à partir de 1840 dans l'archipel. L'évangélisation a été difficile. Les missionnaires devaient lutter contre l'anthropophagie, la polygamie et le sort des femmes à qui étaient dévolues toutes les corvées. Le père Blaise Marmoiton a été martyrisé en 1847.

Napoléon III cherchait une Terre qui n'était pas sous la juridiction d'un autre état européen, afin d'y fonder un bagne. Il a jeté son dévolu sur la Nouvelle-Calédonie que la France a annexée en 1853, devançant les Britanniques qui avaient des vues sur l'archipel.

Les militaires ont fondé un fort en 1854, qui a pris le nom de Nouméa en 1860. Le bagne néo-calédonien a accueilli outre des condamnés de droit commun, des communards comme Louise Michel ainsi que des Kabyles déportés hors de l'Algérie après une révolte en 1871. À la fin du dix-neuvième siècle et au début du vingtième, plusieurs tentatives de colonisation européenne ont échoué. Elles ont cependant contribué à l'installation durable de populations libres, renforcées par les bagnards ayant fini leur peine. Ces colons pratiquaient l'agriculture (café ou élevage) principalement sur la Grande Terre, la plus grande île de l'archipel.

L'accaparement par les nouveaux venus de terres supposées sans propriétaire par l'administration française, mais qui en fait appartenaient à des Kanak, la politique sévère de l'indigénat, le travail forcé imposé aux Autochtones, la limitation de leurs droits ont provoqué une grande révolte en 1878, matée par l'armée et par des milices européennes comptant en leurs rangs d'anciens communards. La spoliation des terres a continué et les indigènes ont été relégués sur des terrains de moindre qualité (marécages, montagnes à chèvres, roches nues, collines infertiles)

Le contrôle de la France n'était pas absolu. Il n'a pas empêché deux guerres tribales de grande ampleur qui ont eu lieu à la fin du dix-neuvième siècle et qui se sont terminées par l'exil à Tahiti des roitelets kanak qui se combattaient.

Des ressources minières importantes notamment en Nickel ont attiré des investisseurs et conduit à une intense activité métallurgique dominée par la société le Nickel (SLN). Des Asiatiques (Japonais, Javanais, Indochinois) ont été recrutés pour servir de main-d'œuvre dans les mines ou dans les exploitations agricoles.

Les Français ont exercé une forte pression sur les Indigènes pendant la Première Guerre mondiale, notamment en développant l'élevage sur les terres de leurs réserves, les autorités voulant en effet augmenter la quantité de viande fournie par l'archipel. Or la divagation du bétail (les pâturages des colons n'étaient pas clos), entraînait trop souvent la destruction des cultures vivrières autochtones (champs d'iguanes ou de taros).

Le mécontentement a conduit à une insurrection indigène en 1917 qui a été matée par l'armée. Le leader de cette révolte a été décapité en 1918 à l'issue d'un affrontement avec une patrouille militaire. 16 Européens et 200 Kanaks ont été tués pendant les troubles, le nombre de rebelles ne dépassant pas 300 guerriers. En 1920, un procès a clos la répression ; il a prononcé 5 condamnations à mort dont 2 ont été exécutées.

La pacification a entraîné le déplacement de plusieurs villages, l'accentuation de la christianisation et un sentiment de défiance entre colonisés et colonisateurs. Les promesses envers les anciens combattants volontaires kanak (suppression pour 15 ans de la capitation, l'impôt spécifique des indigènes, dotation de 5 hectares de terre, droit de résidence libre, octroi de la citoyenneté) n'ont été que partiellement et tardivement tenues.

La capitation (impôt par tête) a été aggravée en 1923, 1932 et en 1933, tandis que les prestations exigées pour la colonisation se sont accrues et ont culminé à trois mois par an de travail obligatoire non payé. Néanmoins, en 1938, les éleveurs Caldoches ont été obligés de dresser des clôtures pour éviter à leur bétail de détruire les cultures vivrières indigènes et l'état civil a été enfin instauré pour les Kanaks.

Le système des réserves que nous avons rencontré dans les autres exemples invoqués précédemment a eu comme ailleurs à la fois des effets négatifs et positifs : s'il a mis les terres indigènes à l'abri des appétits caldoches, les Kanaks ont été en proie à l'alcoolisme, à la misère, à de nombreuses maladies, à tous les maux habituels des peuplades indigènes reléguées dans des zones spécifiques.

Pendant la Seconde Guerre mondiale, la Nouvelle-Calédonie a rallié la France libre dès 1940. Elle est devenue un porte-avions américain, contribuant à la victoire contre les Japonais.

Les Kanaks étaient 50 000 en 1870, mais n'étaient plus que 28 000 en 1920. Ils ont depuis connu une renaissance démographique, moindre néanmoins que celle des Aborigènes australiens et des Maoris et ils étaient 105 000 en 2014.

En 1946, la France a abandonné le principe de l'indigénat tout en accordant le droit de vote et la liberté de résidence aux Kanaks. Néanmoins du fait des défaillances de l'état civil seuls 262 indigènes ont pu participer au scrutin de 1946. Ce n'est qu'en 1957 que l'ensemble des Autochtones ont été inscrits sur les listes électorales.

La prospérité de l'archipel due au boom du Nickel était inégalement répartie et a peu profité aux Indigènes. À partir de 1960, les mouvements séparatistes ont pris de l'importance, tout en restant minoritaires dans le corps électoral. D'abord pacifique la contestation s'est radicalisée à partir de 1984 conduisant à des affrontements violents ; le paroxysme de la crise a été atteint en 1988 en pleine campagne présidentielle : des indépendantistes ont enlevé une trentaine de gendarmes ; l'assaut donné par les forces de l'ordre à la grotte d'Ouvéa a fait plusieurs dizaines de victimes. Après la réélection de François Mitterrand, des négociations se sont ouvertes sous l'égide du Premier Ministre Michel Rocard ; elles ont abouti à la signature des accords de Nouméa en 1988. Trois provinces autonomes ont été créées dont deux à majorité indigène. Les mines de Nickel ont été cédés à la région Nord, le gouvernement collégial représentant tous les groupes de l'assemblée territoriale a reçu de larges compétences, une nationalité néo-calédonienne a été instituée. Enfin trois referendums ont été prévus à partir de 2018. L'assassinat du leader indépendantiste Jean-Marie Tjibaou en 1989 par un mélanésien n'a pas remis en cause ces accords.

La population de l'Archipel est une mosaïque ethnique : les Mélanésiens sont 105 000 (39 %) les Caldoches (descendants des colons français) 73 000 (27,24 %) 37 000 habitants (15 %) sont nés en métropole. Des Pieds Noirs chassés d'Algérie se sont également installés sur la grande Terre à partir de 1962. 30 % de la population est constituée de métis de diverses origines, de Wallisiens et de Futuniens (qui sont deux fois plus nombreux dans l'archipel que dans leurs îles d'origine), de Tahitiens, de Kabyles musulmans, de Vietnamiens, de Javanais et de

Japonais, dont les ancêtres sont venus pour travailler dans les mines de Nickel.

Le premier des referendums prévus par les accords de Nouméa s'est tenu en novembre 2018. Le corps électoral de ce scrutin excluait les nouveaux arrivés métropolitains. Les Néo-calédoniens se sont prononcés à 56,4 % contre l'indépendance. Ce chiffre est loin des espérances loyalistes qui visaient un rejet à 60 %. Les partisans de la France expliquent parfois ce mauvais résultat, par des pratiques qui, dans des bureaux de votes installés dans les tribus, seraient peu compatibles avec la démocratie. Comme prévu, deux autres referendums sur la même question se dérouleront dans un avenir proche.

Outre le problème indépendantiste, l'archipel connaît d'importants troubles sociaux. La jeunesse Kanak est en proie à un sentiment d'exclusion et le grand Nouméa est confronté à une insécurité grandissante avec de nombreux caillassages de véhicules par des adolescents désœuvrés. Le gouvernement du territoire est paralysé par des dissensions entre mouvements caldoches, ce qui explique peut-être le bon résultat des indépendantistes lors du referendum de 2018.

Les indigènes d'Hawaï

Peuplée de Polynésiens arrivés vers l'an 1000, Hawaï a été découverte par les Européens en 1778. L'archipel, convoité par la Russie, les États-Unis, l'Angleterre et la France a été unifié de force en 1810 par un chef tribal, Kamehameha, qui s'est proclamé roi d'Hawaï. De nombreux colons européens ainsi que des Chinois et des Japonais se sont installés dans les îles au point que les Polynésiens sont devenus rapidement minoritaires dans leur propre pays.

La royauté a été renversée en 1893 par un groupe de planteurs Européens avec l'aide de l'équipage d'un navire de guerre de l'U.S Navy sans que les autorités américaines n'aient donné des ordres en ce sens. Les rebelles ont mis sur pied un gouvernement provisoire et ont résisté aux pressions des USA qui exigeaient de restaurer la monarchie. Au bout d'un an, ils ont proclamé la république d'Hawaï. Celle-ci a finalement été annexée par les États-Unis en 1898. L'archipel est devenu le cinquantième état américain en 1959.

La cession d'Hawaï est l'œuvre d'un gouvernement illégitime, issu d'une fraction très minoritaire des habitants et qui du fait de son origine étrangère n'avait aucun droit sur le pays et qui n'avait jamais été reconnu par les USA bien que les États-Unis aient accepté l'annexion. Aucun referendum n'a été organisé en 1898 et la population n'a pas été consultée, même par l'intermédiaire d'une assemblée élue. (Le peuple hawaïen aurait sans doute refusé de rejoindre le giron américain). L'annexion est de ce fait un acte unilatéral contraire au droit international. Des groupes d'indigènes (minoritaires) réclament pour cette raison la restauration de l'indépendance. Cette annexion irrégulière entretient des revendications récurrentes sur les terres ancestrales et son caractère illégal a été reconnue par un vote du congrès en 1993. Certains se sont servi du flou juridique pour prétendre que Barak Obama, originaire d'Hawaï ne pouvait pas être Président des États-Unis, étant donné qu'il avait vu le jour sur un territoire contesté de la Fédération. (Il faut être né sur le sol américain pour devenir Président U.S). Cependant en 1959, un referendum a été organisé et 94 % des électeurs se sont prononcés pour la transformation du territoire

d'Hawaï en état fédéré, ce qui clôt en principe le débat sur la légitimité de l'appartenance de l'archipel aux U.S.A.
La population hawaïenne compte de nombreux groupes ethniques. Les Asiatiques (Japonais, Philippins, Chinois) forment 38,6 % de la population et les Européens 24,7 %. Les Autochtones de pure ascendance constituent 6 % du total. Les métis sont nombreux (15,22 %), beaucoup d'entre eux se rattachant lors des recensements au groupe hawaïen.
La culture polynésienne (danse, utilisation de la guitare hawaïenne) reste vivace et sert d'attraction touristique. Néanmoins, la grande majorité des Autochtones ont abandonné la langue de leurs ancêtres au profit de l'Anglais et se sont totalement acculturés. Comme Hawaï est restée un royaume indigène jusqu'en 1893 et que le suffrage universel a été établi dès 1899, l'archipel n'a jamais connu le système des réserves. Néanmoins, les Polynésiens ont été dépossédés de leurs terres notamment sacrées et ont souvent été réduits à devenir des ouvriers agricoles pour les Blancs. De nos jours, le niveau socio-économique des Autochtones est en général plus bas que celui du reste de la population.

Les Aïnous du Japon

Les Aïnous sont les premiers habitants du Japon. Leurs origines sont controversées, certains anthropologues (surtout au dix-neuvième siècle) les ont décrits comme des Caucasiens (blancs) d'autres les ont rattachés aux Aborigènes d'Australie ou des îles Andaman. Actuellement, l'hypothèse dominante voudrait qu'ils soient originaires de la Sibérie. Bien qu'il n'existe aucune certitude sur l'origine ethnique des habitants du Japon de l'époque néolithique, la brillante culture Jomon qui va de

13 000 avant Jésus-Christ jusqu'à 400 av. J.-C. est probablement l'œuvre de populations Aïnous. Ces chasseurs-cueilleurs aux ressources alimentaires nombreuses et variées ont produit de magnifiques poteries et des statuettes élégantes. À partir de 400 avant Jésus-Christ de nouveaux arrivants venus de la péninsule Coréenne se sont mêlés aux Aïnous pour former le peuple japonais actuel.
Les Aborigènes qui ne sont pas métissés avec les immigrants Coréens, ont été progressivement refoulés dans le nord de l'archipel où ils ont régressé culturellement. Les Japonais ont pris peu à peu le contrôle de leurs terres qu'ils ont abandonnées sans résistance, même si on connaît plusieurs guerres toutes perdues par les Aïnous. (1268 première révolte connue, 1457 bataille de Koshamain, 1669 rébellion de Sakustain) 1789, dernier affrontement connu). Le manque de combativité des Indigènes du Japon s'explique par leurs croyances religieuses : ils estiment que la terre n'appartenait à personne.
Les Japonais se sont emparés de la grande île du Nord, Hokkaido au détriment des Aïnous entre 1799 et 1809. Quand, en 1880, ils ont occupé le dernier refuge des Aborigènes, l'île de Sakhaline, ils ont déporté tous les Aïnous qui y vivaient afin de faire de la place pour les colons nippons.
Les Japonais ont pratiqué une politique d'assimilation forcée : l'habillement des Indigènes, leur religion et l'éducation de leurs enfants devaient être japonais. Les Aïnous ont été contraints à renoncer à leurs arts, à leur mode de vie, à leurs rites (abandon de leurs cérémonies de mariage, d'enterrements). Certains ont été cantonnés sur des parcelles fournies par les autorités qu'ils étaient obligés

de cultiver (alors qu'ils sont à la base des chasseurs-cueilleurs) tandis que d'autres étaient réduits en esclavage dans des conserveries de poissons. Les Russes ont de leur côté contraint les Aïnous qui habitaient les régions qu'ils contrôlaient à se convertir à l'orthodoxie, avant d'expulser la plupart d'entre eux vers le Japon à l'issue de la guerre Russo-Japonaise de 1905.

Les Aïnous seraient un millier en Russie et entre 25 000 et 200 000 au Japon (aucun recensement précis n'a été effectué d'où l'incertitude des chiffres). En effet du fait du racisme et de l'opprobre qui les entourent beaucoup d'Aïnous évitent de se déclarer comme tels ou même l'ignorent, car leurs parents leur ont caché leur origine. Ce groupe ethnique était considéré comme en extinction il y a encore quelques années.

Mais à partir de 1960 des Aborigènes se sont rassemblés pour exiger le droit à la différence. En 1994, grâce à la pression exercée par l'ONU en faveur des peuples autochtones, un Aïnou a été élu au Parlement.

Ce député a obtenu en 1997 une loi encourageant la différenciation culturelle des indigènes. Et en 2008 une résolution adoptée à l'unanimité par le Parlement a reconnu l'existence du peuple Aïnou et a promis d'améliorer leur sort. Néanmoins, les Aborigènes sont toujours victimes d'une discrimination de la part de leurs concitoyens et leur niveau de vie reste bas. Leurs enfants font moins d'études que leurs compatriotes. Les Aïnous qui n'ont pas été assimilés restent confinés dans des réserves. Ils sont souvent contraints de jouer le rôle humiliant d'attraction touristique et folklorique.

Les Aïnous demandent une meilleure représentation au parlement ainsi qu'un dédommagement de 1,5 milliard de yens (12 millions d'euros) pour les spoliations de terres.

Les plus extrémistes exigent la création d'un état fédéral avec une zone autonome aborigène, mais cette revendication apparaît excessive aux yeux de l'immense majorité des Nippons.

Les Guanches

Les Guanches habitaient les îles Canaries avant l'arrivée des Espagnols. L'archipel était connu des Phéniciens. Il est évoqué dans la relation grecque du périple d'Hannon, un explorateur punique qui au septième siècle avant Jésus-Christ partit de Carthage et atteignit le Cameroun. Juba II (–52 avant J.C, 23 après J.C), un roi berbère de la Maurétanie, pétri de culture grecque, effectua en personne quatre voyages d'exploration dans les Canaries, mais il ne parle pas la population qu'il a rencontrée. La seule trace humaine qu'il évoque dans la relation de ses expéditions est un temple situé dans la plus grande île de l'archipel.
Les Guanches ont laissé derrière eux des momies. Selon leur analyse génétique, le peuple autochtone des Canaries descendrait principalement des Berbères (les indigènes de l'Afrique du Nord) avec un apport anatolien surprenant, mais qui serait peut-être en lien avec les Phéniciens. À leur arrivée, les Espagnols n'ont découvert ni mosquées ni influence de l'Islam ; entre 670 à 1400 il n'existait donc aucune relation entre les îles et le continent.
Avant l'arrivée des Espagnols, l'archipel était divisé en 7 royaumes. Les Guanches se sont défendus âprement, mais ils ont été exterminés. Selon les analyses génétiques, fort peu des habitants actuels des Canaries descendent en ligne directe des mâles guanches, mais les conquérants espagnols ont souvent pris pour épouses des femmes indigènes des Canaries.

L'île de Pâques

On ignore la date d'arrivée des premiers humains sur l'île de Pâques. Était-ce en 400 après JC ou en 1200 après JC ? Les nouveaux arrivés ont prospéré et ont eu des contacts avec l'Amérique du Sud, peut-être avec les Incas, dont un de des Princes héritiers aurait exploré le Pacifique. Une légende de l'île de Pâques évoque des immigrants aux lobes d'oreilles étirées qui auraient été exterminés lors d'un conflit ethnique. Il est difficile de savoir si cette histoire est véridique ou si elle est une invention de conteurs. En tout cas, la patate douce qui est originaire de l'Amérique du Sud était présente dans l'île de Pâques avant l'arrivée des explorateurs Européens et porte le même nom qu'au Pérou. Entre 1859 et 1869, les Pascuans ont été déportés en masse par les chasseurs d'esclaves péruviens qui cherchaient de la main d'œuvre pour les gisements de Guano des îles Chincha. Ils ont été également décimés par les maladies européennes. En 1877 la population d'origine (les Matamua) était réduite à 111 individus. Une immigration polynésienne en provenance de l'île Française de Rapa s'est alors produite avant que des Chiliens ne s'installent à leur tour après l'annexion de l'île par leur pays. En 2019, les Matamua forment 3% de la population de l'île de Pâques, les autres Polynésiens (les Rapa-Nui) sont 51 %, les Européens 45 % et les chinois 1 %.

Conclusion de ce chapitre

L'Histoire est cruelle. Les plus forts ont toujours imposé leur volonté aux plus faibles et ceci depuis que les Homo Sapiens sont sortis de l'Afrique : ils ont alors refoulé les hommes de Néandertal qui vivaient en Europe dans des territoires peu fertiles ; ces derniers se sont étiolés faute d'un accès suffisant aux ressources alimentaires et ne survivent plus que dans les gènes des Européens.

Le schéma « peuple innocent spolié par d'agressifs envahisseurs » est le plus souvent une construction imaginaire. L'Histoire est plus complexe et moins binaire qu'on ne le croit.

Les Amérindiens d'Amérique sont certes des victimes, mais ils auraient submergé et exterminé des populations venues d'Europe et d'Afrique, les premières à avoir posé le pied sur ce continent. Ils ont modifié l'écologie de leurs territoires de chasse et se sont livrés à des guerres intestines incessantes et cruelles. Les Aztèques et les Incas étaient des conquérants sanguinaires qui ne valaient pas mieux que les Espagnols et même par certains côtés étaient pires. Les Aborigènes d'Australie, de Nouvelle-Zélande ou de Nouvelle-Calédonie étaient en proie avant l'arrivée des Européens à d'incessantes et sanglantes guerres intertribales. Les vaincus étaient réduits en esclavage, voire dévorés, tout en étant dépouillés de leurs terres. Les Européens se sont sans doute mieux comportés que les Indigènes, malgré la cruauté de leur oppression.

Le concept de la réserve, zone dédiée aux premiers habitants d'une contrée et censée leur permettre de vivre comme leurs ancêtres et dans le respect de leurs coutumes, est récent et a été inventé par les conquérants occidentaux quand ils ont soumis des contrées peu peuplées et dont le niveau de développement ne dépassait pas l'âge de Pierre. Les territoires concédés étaient le plus souvent les plus pauvres et les moins fertiles. Les peuples ainsi confinés ont été systématiquement en proie à la misère et accablés

de maux sociaux malgré les (hypocrites ?) bonnes intentions de départ.
Beaucoup des spoliations que j'ai évoquées ont été l'œuvre de peuples dont le régime politique était démocratique. Néanmoins, on constate dans ce cas une prise de conscience tardive chez les envahisseurs et, vers la fin du vingtième siècle, la mise en place de compensations, mais des nations qui se sont bâties en confisquant des territoires indigènes ne peuvent aller très loin dans la remise en question de l'origine de leur État puisqu'ils ne peuvent pas se nier eux-mêmes.

Chapitre II

Les peuples qui ont perdu leur identité

Conquis par des envahisseurs ou confrontés à une immigration massive, beaucoup de peuples ont changé de langue, de culture ou de religion, ainsi que nous l'avons vu pour les Amérindiens d'Amérique Centrale, du bassin de l'Orénoque et du Nord des Andes. Connaîtrons-nous le même sort ?

Les Coptes et les chrétiens d'Égypte.

Les Coptes et les Melkites (Chrétiens orthodoxes) de la vallée du Nil sont les héritiers directs du peuple égyptien de l'antiquité. Leur langue liturgique dérive de celle des anciens Pharaons. Après la conquête musulmane en 640, ils sont longtemps restés majoritaires et ils l'étaient encore au douzième et au treizième siècle.
Beaucoup de Coptes ont fini par se convertir à l'islam, sous l'effet des impôts spécifiques aux chrétiens, des persécutions et des nombreuses brimades dont le port de vêtements distinctifs, l'interdiction de posséder des armes, les multiples tracasseries juridiques, ainsi que l'obligation (mesquine) de monter des ânes au lieu de chevaux. Les Arabes ont fourni un apport génétique à la population actuelle de la vallée du Nil moindre que celui des Nubiens et guère plus important que celui provenant des Grecs et des Macédoniens d'Alexandre le Grand, des Albanais ou

des habitants du Caucase. La majorité des Égyptiens descendent des fellahs des Pharaons et des Noirs (chrétiens) venus du Sud. Leurs ancêtres ont juste changé de religion et de langue.

Les Coptes restés chrétiens n'étaient plus que 100 000 en 1700 (3 % des Égyptiens de l'époque). Ils ont connu depuis une lente renaissance. Leur nombre actuel est un secret d'État. Ils seraient entre 10 millions (chiffre gouvernemental soit 10 % de la population totale) et 20 millions (évaluation peu crédible avancée par la hiérarchie religieuse). La natalité des Coptes est plus importante que celle de leurs compatriotes musulmans.

Les Coptes sont victimes de discriminations. Ils n'ont pas le droit de construire de nouvelles églises alors que leur nombre ne cesse de croître. De nombreux attentats les ont frappés ces dernières années et une cinquantaine de lieux de culte ont été incendiés. Ils sont faiblement représentés au Parlement (10 députés dont 7 nommés sur 518 élus), ils ne peuvent toujours pas accéder aux plus hautes charges de l'état. Néanmoins, un copte, Boutros Ghali Pacha, a été Premier ministre de 1908 à 1910 avant d'être assassiné, son neveu a été ministre des Affaires étrangères, son fils ministre de l'agriculture et son petit-fils ministre des Affaires étrangères d'Anouar Sadate. Mais à part cette famille, peu de chrétiens ont occupé des postes importants dans l'appareil d'État égyptien.

Le niveau de vie des Coptes est inférieur à celui pourtant très bas de leurs compatriotes musulmans. Contrairement aux exemples évoqués précédemment où des minorités spoliées pendant deux siècles bénéficient d'une prise de conscience et d'une politique de réparations, il n'existe rien de tel en Égypte, au contraire. Beaucoup d'Égyptiens musulmans considèrent comme anachronique la persistance d'une communauté chrétienne et souhaitent sa disparition.

Les États du Moyen-Orient

Avant la conquête musulmane, la plupart des habitants du Moyen-Orient étaient chrétiens (jacobites, orthodoxes, nestoriens, marcionites ou maronites). On trouvait également des minorités juives et mandéennes (baptistes qui se rattachent à Saint Jean Baptiste). Les chrétiens sont restés longtemps majoritaires dans les états du Levant. Ils l'étaient encore à l'époque des croisades. (XIIe et XIIIe siècle)
Les critiques musulmanes présentant les Croisés comme des barbares qui auraient agressé de paisibles terres musulmanes, la culpabilisation récurrente des occidentaux pour ces équipées sont inacceptables et ineptes. C'étaient en fait les Arabes et les Turcs qui étaient des envahisseurs sans culture. Si leur civilisation a été brillante ils en sont redevables avant tout à leurs sujets chrétiens ; ils n'avaient aucune légitimité à diriger le Moyen-Orient puisque la majorité des habitants des territoires conquis par les chevaliers Francs ne pratiquaient pas l'Islam. Quant aux reproches de brutalité souvent adressés aux croisés, s'ils sont justifiés pour les sacs sanglants et les massacres odieux de Jérusalem (1099) et de Césarée (1101), les Mamelouks égyptiens qui ont submergé le royaume de Jérusalem, le comté de Tripoli et la Principauté d'Antioche, ne se sont pas mieux comportés lors de la prise de Tripoli en 1289 ou celle de Saint-Jean d'Acre en 1291. Les horreurs de la guerre sont malheureusement équitablement réparties et nous n'avons pas à nous excuser pour cette période de l'Histoire de même que les musulmans actuels n'ont pas à demander

pardon pour les conquêtes des premiers successeurs de Mahomet et pour l'anéantissement des États croisés.

En Syrie, le régime d'El Assad, qui est membre d'une secte musulmane dissidente (il est alaouite) a toujours protégé les chrétiens, mais ceux-ci ont été victimes des persécutions de l'Émirat Islamique, heureusement disloqué, même s'il reste menaçant. Du temps du dictateur Saddam Hussein, les Chrétiens vivaient en paix en Irak, mais ils ont été victimes d'exactions après l'intervention américaine et ont été en partie exterminés par le Califat islamique. Néanmoins, dans le Kurdistan Irakien, les diverses confessions chrétiennes mènent une vie normale. Au Liban, à l'issue d'une guerre civile implacable, les chrétiens (Maronites, Arméniens, orthodoxes, catholiques) ont été déplacés dans un réduit homogène autour de Beyrouth ; ils gardent néanmoins un rôle important dans la direction de leur pays. La Jordanie possède une petite minorité chrétienne (6 % de la population) qui jouissait jusqu'à la fin du XXe siècle d'une liberté relative. Mais la montée de l'extrémisme musulman fait désormais craindre le pire à cette communauté. En 2008 un musulman qui avait été baptisé a dû fuir le pays. En 2016 un blogueur athée a été assassiné. Les chrétiens sont confrontés à des tracasseries tant dans leur vie privée que dans le contexte public. La paisible et pourtant démocratique Jordanie est 27ième dans l'index des persécutions des chrétiens. Elle est pourtant considérée comme un havre tant la situation des chrétiens dans les pays voisins est encore pire.

Les chrétiens d'Orient disparaissent rapidement sous l'effet de l'émigration et risquent, sauf pour les Coptes et les Chrétiens Libanais de n'être plus qu'une minorité résiduelle. Les communautés catholiques, protestantes ou juives d'Europe Occidentale connaîtront-elles à terme ce sort peu enviable ? Certains le redoutent, heureusement comparaison n'est pas raison !

Israéliens et Palestiniens

La Palestine était du temps de l'empereur romain Héraclius (610-641) majoritairement peuplée de Chrétiens. Ceux-ci descendaient de Juifs convertis, de Grecs et de Philistins migrants venus d'Italie. À côté des fidèles du Christ, on trouvait une minorité de Juifs rabbiniques, de karaïtes (juifs qui rejettent le talmud) et de Samaritains qui pratiquent un judaïsme archaïque et prétendent descendre, sans doute avec raison, des dix tribus perdues d'Israël. Conquise en 634 par le premier Calife Omar, la Terre Sainte est restée longtemps à majorité chrétienne (elle l'était encore à l'arrivée des Croisés). Il y a toujours eu en Palestine une petite communauté juive résiduelle et de tout temps des israélites sont revenus s'installer en Terre Sainte. Les Juifs formaient 17 % de la population de Jérusalem en 1544 et sont majoritaires dans cette ville depuis 1844.

Cette immigration juive s'est accentuée à partir de 1880, a marqué un temps d'arrêt pendant la Première Guerre mondiale, avant de reprendre de plus belle après 1919. En 1923, la Société des Nations, qui avait déjà accordé à la Grande-Bretagne un mandat sur la Palestine, l'a chargée de créer dans cette région un foyer national juif. Londres et l'agence Juive avaient obtenu en 1920 l'accord à cet établissement de l'émir hachémite Fayçal qui régnait alors en Syrie. Mais les tensions se sont multipliées avec l'arrivée de nouveaux colons et une insurrection arabe a éclaté entre 1936 et 1939, difficilement réprimée par la puissance

mandataire. De nombreuses négociations n'ont pas permis de dégager un consensus entre Juifs et Arabes. Pour calmer la situation, l'Angleterre a promis, en 1939 d'accorder dans les dix ans l'indépendance à une Palestine unitaire, provoquant en retour une brève insurrection juive : celle-ci a pris fin le jour du déclenchement des hostilités en Europe. Après la guerre, les heurts se sont multipliés et l'ONU a voté en 1947 un plan de partage de la Palestine ; cette décision a été rejetée par les Musulmans et les Chrétiens. La guerre a éclaté peu après entre les Palestiniens et les Juifs ; elle a été gagnée par ces derniers qui ont alors occupé les deux tiers de l'ancien mandat Britannique. En 1967, à l'issue d'une nouvelle guerre, ils ont conquis la totalité de la Palestine. Ils se sont retirés en 2005 de la bande de Gaza où s'est installé un gouvernement dirigé par le Hamas, un mouvement religieux extrémiste.
Des études génétiques prouveraient que Juifs et Palestiniens auraient des origines proches. Les Juifs rabbiniques seraient issus d'hommes originaires du Proche Orient ; ces derniers auraient épousé des femmes parfois non juives et qui appartenaient aux peuples au sein desquels les israélites se sont exilés. Les juifs de Russie et de Pologne, qu'on pensait un temps avoir pour aïeux des Turcs convertis vers 800 à la religion de Moïse, les Khazars, auraient en fait les mêmes origines. La génétique confirmerait donc la thèse de Juifs chassés de Palestine, mais il convient néanmoins d'être prudent. De même, il semblerait que les Palestiniens descendent en grande partie des populations chrétiennes (donc d'origine juive, grecque ou samaritaine) qui occupaient la Terre Sainte lors de sa conquête en 634 par les musulmans. Cet apport a été complété par des migrants venus de la Syrie, de l'Irak et

de la Transjordanie vers 1930 pour profiter du boom économique de la région.
Plus d'un million de Palestiniens sont partis en 1948 du territoire reconnu internationalement à Israël parfois de leur plein gré, parfois chassés de force. Depuis leurs descendants s'entassent dans des camps surpeuplés au Liban ou en Jordanie et le problème reste explosif. Selon certaines sources le nombre de Palestiniens vivant dans les camps serait grandement surestimé afin de majorer la quantité de nourriture servie. Il n'en reste pas moins que cette situation est intolérable et n'a que trop durer. Néanmoins pour des raisons confessionnelles le Liban refuse d'intégrer les réfugiés qu'il abrite. La Jordanie serait plus encline à supprimer les camps de réfugiés à condition d'être massivement aidée. À noter que la Ligue Arabe interdit à ses membres de naturaliser les Palestiniens, ce qui fait d'eux de perpétuels exilés.
Aucun règlement pacifique du problème israélo-palestinien n'est en vue tant les positions sont pour l'instant irréconciliables. La morale paraît être du côté palestinien ; cependant 60 % des Juifs Israéliens ont été chassés des pays Arabes, après que leurs biens eurent été confisqués. En quelque sorte, ils récupèrent leur dû, mais au détriment des Palestiniens qui ne sont pas responsables directement de leurs malheurs.
Si les passions n'étaient pas si exacerbées, il faudrait sans doute revenir au projet de partition adopté par l'ONU en 1947 et octroyer l'indépendance à une Palestine comprenant Gaza, la Cisjordanie et une partie du Néguev. Il conviendrait également de demander aux habitants de la partie de Galilée où les chrétiens et les musulmans sont majoritaires s'ils souhaitent ou non rejoindre le nouvel État. Les Palestiniens seraient également dédommagés

pour leurs biens perdus et leur état serait totalement démilitarisé, afin de garantir la sécurité d'Israël. L'état Juif dont la superficie serait réduite, deviendrait certes une vaste réserve, (un ghetto ?), mais de population homogène et serait débarrassé du fardeau d'une guerre perpétuelle. Les Chrétiens Libanais en se réfugiant dans un réduit dont la superficie est limitée ont de cette façon dépassé la guerre civile et retrouvé la paix. Une autre solution qui commence à faire son chemin même parmi les palestiniens consisterait à créer un mini-état palestinien à Gaza, éventuellement agrandi au Néguev, tandis que la Cisjordanie serait annexée par Israël ; tous les citoyens juifs, musulmans et chrétiens ayant les mêmes droits notamment celui de voter. On rejoindrait le projet de Palestine unitaire d'avant la Seconde Guerre mondiale.

Les zoroastriens d'Iran

La Perse des Sassanides pratiquait la religion zoroastrienne (dite aussi mazdéenne). Après la conquête musulmane de 660, les Mazdéens ont obtenu un statut semblable à celui des autres « Gens du livre ». Ils se sont peu à peu convertis à l'islam et ne sont plus en 2019 que 45 000 en Iran où on les appelle Guèbres. Ils ont été discriminés jusqu'au début du vingtième siècle, avant de s'intégrer sous la dynastie Pahlavi (1925-1979). Sous la République Islamique d'Iran, les persécutions n'ont pas repris ; néanmoins s'ils peuvent de pratiquer leur religion, ils ont beaucoup moins de droits que les iraniens chiites. Par exemple un mazdéen qui tuerait un musulman sera exécuté, tandis qu'un fidèle du Prophète qui assassinerait un Guèbre ne risque qu'une simple amende. Néanmoins les zoroastriens sont en général bien considérés par leurs compatriotes chiites qui les voient comme des témoins du passé préislamique de l'Iran. Une partie d'entre eux ont émigré en Inde, notamment à Bombay, où ils ont formé la minorité Parsie (100 000 membres). Ses membres ont bien réussi dans l'économie et les banques du sous-continent et ont été à la pointe du combat pour l'indépendance.

L'Afghanistan, le Nord Est de l'Inde et le Bengale

Vers l'an mil, des envahisseurs musulmans se sont emparés du Sind et de l'Afghanistan, régions alors peuplées d'Hindous. Vers 1300 les mongols islamisés du khanat de Transoxiane ont déferlé sur le Nord du sous-continent et l'ont entièrement ravagé. En 1520, Babur, un descendant musulman de Gengis Khan s'est forgé un empire qui recouvrait la plus grande partie de l'Inde. Cette conquête en plusieurs temps a été l'occasion d'un génocide qualifié par certains historiens de pire de l'Histoire. Les Hindous afghans auraient été entièrement exterminés tandis que la population du sous-continent serait passée de 600 millions à 200 millions d'âmes. L'Afghanistan est toujours surnommée « Hindu Kush », le massacre des Hindous. Une partie des Hindous se sont convertis à l'Islam surtout dans le Bengale et dans le nord-est de l'Inde. Le Nouristan région de l'Afghanistan frontalière avec l'Inde est restée hindouiste jusqu'à la fin du XIXe siècle, mais ses habitants ont été contraints par la force de changer de religion dans les années 1890-1900.

Les Berbères

Les Berbères sont les premiers habitants de l'Afrique du Nord ; ils descendraient directement des premiers homos sapiens qui se sont installés dans la région. Ils ont d'abord été dominés par les Phéniciens avant de passer sous le joug de Carthage et ont été en grande partie acculturés au point parfois de changer de langue et d'utiliser le punique dans la vie courante. La destruction de la rivale de Rome après les trois guerres puniques a permis à une brillante civilisation berbère de s'épanouir dans les royaumes de Numidie et de Maurétanie. Annexé par Rome entre -46 av. J.-C. et 40 après JC, l'ouest du Maghreb a été en partie romanisé, notamment par l'établissement de colonies de vétérans. L'invasion des Vandales en 430 a rompu le lien avec l'occident latin et après la reconquête Byzantine en 536 de nombreux petits royaumes berbères se sont créés en marge de l'Afrique romaine en partie restaurée. Converties au Christianisme ou au Judaïsme, les tribus berbères ont lutté pendant 50 ans contre les Arabes avec des alternances de victoires et des défaites avant de succomber définitivement au début du huitième siècle. Elles ont alors participé à la conquête de l'Espagne ; les Berbères étaient plus nombreux que les Arabes dans les forces musulmanes qui ont débarqué à Gibraltar en 711. Cependant, au début du neuvième siècle, séduits par l'égalitarisme de la secte musulmane des Kharidjites (l'un des trois courants de l'islamisme avec le sunnisme et le chiisme), l'Ouest du Maghreb s'est révolté contre le Calife de Damas et a repris son indépendance, tandis que l'Est de l'Algérie et la Tunisie ont continué à obéir à des potentats dépendants en principe du Calife. Un prophète berbère, Saleh El Mouminine, a même créé une nouvelle religion, inspirée de l'Islam, mais comportant une forte influence juive. Il prétendait être l'ultime prophète, le Mahdi des musulmans et le parent de Jésus. Cette foi disposait de son propre Coran de 80 sourates rédigé en berbère et elle plaçait le jeûne au mois de Redjeb au lieu de Ramadan. Il fallait également se priver de nourriture un

jour par semaine, l'aumône représentait 10 % des grains récoltés, il y avait 5 prières le jour et 5 la nuit. Il existait des interdits alimentaires propres à ce culte et les hommes pouvaient épouser autant de femmes qu'ils le souhaitaient. Les adeptes de cette religion ont réussi à créer un état sur la côte Atlantique, la confédération des Berghouatas, qui a duré 3 siècles (744-1058).
Le Maroc a été conquis par deux vagues successives de guerriers berbères sahariens, les Almoravides (1040-1147) suivis par les Almohades (1121-1248) Les deux confédérations pratiquaient un sunnisme intransigeant et prônaient une application littérale de l'Islam. Après l'effondrement de l'Empire Almohade le Maroc a connu des dynasties non berbères dont la dernière celle des Alaouites descend par les hommes de la fille de Mahomet. Cette dynastie est sunnite orthodoxe et n'a rien à voir avec la secte syrienne et libanaise du même nom. La Tunisie et l'Algérie ont été conquises au XVIe siècle par des corsaires turcs ; ces derniers ont créé des états, en principe dépendant de l'Empire Ottoman, en fait indépendants et dont la prospérité était basée sur l'esclavage des chrétiens et la guerre de course.
Le substrat des populations du Maghreb est resté berbère, avec un fort apport Arabe et d'autres plus marginaux (Romain, Grec, Punique, Vandale, Turc, Espagnol, Français, Italien). En outre les descendants d'esclaves européens chrétiens sont nombreux. La grande majorité des Berbères ont été acculturés et parlent désormais l'Arabe dialectal, voire le Français. Ceux qui se sentent Berbères (ils sont minoritaires) demandent une meilleure reconnaissance de leur spécificité. L'Algérie et surtout le Maroc semblent faire des efforts dans ce sens, mais des activistes perdent patience. Il s'est même créé à Paris un

gouvernement provisoire de la Kabylie dont l'assise populaire est incertaine, mais qui dénote une frustration grandissante. De même le relatif succès que rencontrent les protestants évangéliques en Kabylie est une autre indication du malaise Berbère.
On ignore l'origine de la minorité juive d'Afrique du Nord : était-elle constituée d'Hébreux fuyant la Palestine ou de prosélytes berbères qui ont embrassé la religion de Moïse ? Elle était plus probablement un mélange de ces deux groupes ethniques avec prédominance du premier. Elle a résisté à la conquête musulmane contrairement à la communauté chrétienne qui, sous la pression des Almohades, a totalement disparu du Maghreb vers 1150 ; cependant les Juifs ont émigré en Israël ou en France après l'indépendance des États de l'Afrique du Nord. Il n'y a plus aucun Juif en Algérie et il reste des communautés résiduelles au Maroc et en Tunisie.

La France avant 1950

La population de notre pays est un melting-pot. Au néolithique, l'Hexagone était occupée par des peuples dont on ne sait pas grand-chose ; on ignore notamment s'ils avaient immigré depuis une autre contrée ou s'ils descendaient des premiers homos sapiens. Probablement les premiers occupants se sont mêlés à des migrations ultérieures. Vers 4500 avant Jésus-Christ, un peuple d'éleveurs venu de Russie, les Yamnayas ont submergé les agriculteurs qui occupaient l'Europe. Des études génétiques réalisées en Espagne ont montré que tous les hommes des premiers occupants ont été massacrés tandis que leurs femmes et leurs filles se sont unies (probablement de force) avec les envahisseurs. En Grande-Bretagne 90 % des anciens occupants ont disparu. Le même phénomène a dû sans doute se produire en France. Nous avons donc déjà connu un *grand remplacement*. À partir de 300 ans av. J.-C., les Celtes (Gaulois) ont envahi les territoires actuels de la France, de la Belgique et de la rive gauche du Rhin. Ils formaient une aristocratie guerrière qui a pris le dessus sur les populations locales et leur ont imposé leurs mœurs et leur langue. Vers 50 avant Jésus-Christ, Rome s'est emparée à son tour de la Gaule par les armes avant de conquérir pacifiquement les cœurs et d'imposer un nouveau changement de langue, par le biais des nombreuses colonies de vétérans qu'elle a fondées un peu partout dans notre pays. De nombreux immigrants Grecs, Juifs, Syriens se sont également installés en Gaule et ont enrichi sa composition ethnique.

Les Germains ont conquis à leur tour la Gaule après 406 ; s'ils ont imposé leurs dirigeants aux habitants de la Gaule, ils étaient trop peu nombreux pour changer la langue de ce territoire ou pour modifier en profondeur la composition ethnique. Ils se sont acculturés linguistiquement et ont adopté la religion de leurs sujets. Dans l'Antiquité, l'Hexagone a donc été à plusieurs reprises submergé par des vagues d'envahisseurs et l'expression « Nos ancêtres les Gaulois » est absurde, car en 500 après Jésus-Christ, la majorité des habitants de la Gaule descendaient probablement des populations qui ont précédé les Celtes.

Au cours des siècles qui ont suivi, nous avons assisté à nombre de déplacements de populations et d'installations d'étrangers sur notre sol. Les vagues les plus récentes sont celles des Belges au dix-neuvième siècle, des Italiens et des Polonais dans la première moitié du vingtième siècle, des Espagnols et des Portugais après 1930. Les « Français de

Souche» sont des sangs mêlés et cette expression n'a qu'un sens culturel et non ethnique ou génétique. Jusqu'en 1960, la fusion des nouveaux arrivés dans le peuple français ne posait guère de problèmes et n'était qu'affaire de temps, même si notre pays a connu des tensions et des propos racistes visant les juifs, les Italiens ou les Polonais, L'irruption d'une forte minorité musulmane, ont changé les paradigmes et rend caducs ces exemples passés.

Les pays européens qui ont changé de population.

Après l'abandon en 410 de l'île de Bretagne par les Romains, de nombreux petits royaumes romano-brittoniques se sont créés, mais ils ont été submergés par des envahisseurs Angles, saxons et Jutes venus de Germanie. Beaucoup des anciens habitants de la Bretagne ont été exterminés, les autres étant refoulés en Cornouaille, au Pays de Galles ou en Écosse. Il s'agit donc d'un complet changement de population sur les 2/3 de l'île.

La Pannonie (actuellement la Hongrie) anciennement romaine a connu la domination des Huns (mongoloïdes), des Avars (mongoloïdes) et enfin des Hongrois (Turcs). Si le substrat de population est resté le même, l'aristocratie guerrière des Magyars a imposé sa langue.

L'Illyrie (l'ancienne Yougoslavie) a été submergée par les Slaves. Les populations urbaines latines se sont réfugiées dans des îles, tandis qu'ailleurs s'opérait la fusion entre envahisseurs et anciens habitants, les Slaves imposant leur langue.

La Grèce a été elle aussi presque totalement submergée par les Slaves. Seules les villes de la côte et les îles sont restées grecques. Au IX ième les Byzantins ont réoccupé l'intérieur de la péninsule Hellénique provoquant un complet retour en arrière linguistique, mais pas ethnique. La Bulgarie, l'ancienne Mésie, a d'abord été comme ses voisines envahie par les Slaves au VIe siècle qui ont imposé leur langue. La région a été conquise au VIIe siècle par une aristocratie de guerriers mongoloïdes, les Bulgares, qui n'ont pas changé le fond ethnique et ont été linguistiquement assimilés.

L'Anatolie

L'Anatolie a connu deux acculturations complètes à dix siècles de différence. Elle était à l'origine peuplée par des tribus aux origines et aux langues variées. Conquise par Alexandre le Grand, cette région a été totalement hellénisée au point de devenir le refuge de l'Empire byzantin et du grec quand la péninsule hellénique a été submergée par les invasions slaves. Conquise à partir de 1078 par les Turcs au départ proches des mongols, sa population est passée lentement à l'Islam changeant par ces conversions massives le génome génétique des Turcs non kurdes dont la majorité descend en fait des Grecs et des Arméniens et non des tribus qui nomadisaient jadis en Mongolie.

Rome

Rome a conquis de nombreux peuples, mais l'*Urbs* a été un vainqueur généreux : elle a octroyé une totale autonomie municipale à ses nouveaux sujets et leur a permis d'obtenir peu à peu l'égalité des droits avec ses citoyens. L'empereur Claude (41 à 54 après Jésus-Christ) a imposé au Sénat d'accueillir en son sein des habitants de la Gaule chevelue (celle qui avait été conquise par Jules

César, en opposition à la Province soumise en 130 avant Jésus-Christ). Cette politique d'assimilation a culminé avec l'édit de Caracalla en 212 qui a accordé la citoyenneté romaine à la quasi-totalité des hommes libres. Même si cette loi a été prise pour des raisons fiscales, elle reste hautement symbolique et constitue une exception parmi les nombreux Empires qui se sont succédé au cours de l'Histoire. Rome a connu des empereurs espagnol (Trajan), berbère (Septime Sévère) ou arabe (Philippe l'Arabe). Plusieurs peuples ont été acculturés au point de perdre leur langue : Gaulois, habitants de la péninsule Ibérique, Illyriens, Daces. D'autres, moins romanisés, ont conservé leur idiome : Berbères, populations puniques d'Afrique du Nord, Celtes de la Grande Bretagne et de l'Armorique, Germains des marges de l'Empire, Thraces. Si l'Empire romain d'Occident avait survécu, comme son jumeau d'Orient, peut-être qu'une nouvelle ethnie se serait créée comme en Chine où les Hans sont le résultat de la fusion des diverses peuplades de l'Empire du milieu.

Conclusion de ce chapitre

Tout au long de l'Histoire, l'émergence de nouveaux peuples, après la submersion des premiers habitants par des nouveaux venus, est un phénomène récurrent et complexe. Lorsque des envahisseurs se sont emparés d'une contrée, ils ont rarement exterminé l'ensemble des anciens habitants ; ils ont fini au bout de quelques générations par se fondre avec les vaincus dans une nouvelle ethnie parfois en imposant coutumes, religion et langue ou au contraire en adoptant la culture, les Dieux et les us de leurs sujets. Tout dépendait du nombre d'envahisseurs par rapport aux populations conquises. Il en est de même lors d'immigrations plus pacifiques. Les exemples sont innombrables et je n'ai pas cherché à les étudier tous, juste à présenter quelques-uns des plus emblématiques dans ce chapitre. La fusion entre les diverses communautés de notre pays va-t-elle se produire au fil du temps, à l'instar de qui s'est passé avec les Italiens, les Polonais ou les Portugais ? Ou du fait de la spécificité des nouvelles immigrations, les différentes « ethnies » ne se mélangeront pas tout en se séparant territorialement ? On peut malheureusement le craindre. De toute façon la fusion lorsqu'elle se produit est un phénomène lent qui dure parfois plusieurs décennies et il passe toujours par une phase de ségrégation.

Chapitre III

Les réactions nationalistes

Dans les chapitres précédents, les territoires conquis n'ont jamais été « libérés ». Je vais maintenant étudier des exemples de peuples qui ont imposé leurs conditions après s'être révoltés contre leurs conquérants ou contre des immigrations non voulues.

La Malaysia

La Malaysia compte 9 états princiers dirigés par des rajahs et de 4 territoires fédéraux. Elle est la seule monarchie élective au monde ; son souverain est élu pour 5 ans (renouvelables une fois) par les 9 sultans, les 4 gouverneurs d'états fédérés et le Premier ministre. Il est choisi dans les familles royales des états Princiers et dispose d'un réel pouvoir constitutionnel, notamment celui de proclamer l'état d'urgence. La Malaysia s'étend sur la péninsule malaise et sur la partie Nord de Bornéo. Les Malais constituent le groupe ethnique majoritaire (51 % de la population). On trouve également des descendants d'immigrants Chinois (25 %), d'Indiens (8 %) des Eurasiens ou autres métis ainsi que des populations autochtones de Bornéo, les Orang Asli (11 %). Le taux de natalité des Malais est supérieur à celui des autres groupes ethniques.

L'immigration chinoise et indienne est ancienne. De 1948 à 1960 la Malaisie a été la proie d'une insurrection communiste qui recrutait ses partisans principalement dans la minorité chinoise. 40 000 Britanniques aidés par des unités australiennes et néo-zélandaises et des milices locales constituées de Malais ou d'Orang Asli sont venus à bout des insurgés. Le chef de la rébellion Ching Peng a été contraint à l'exil en 1960. Cette rébellion a marqué les esprits des Malais et tendu leurs relations avec leurs compatriotes d'origine Chinoise ou Indienne.

La Malaisie est devenue indépendante en 1957. Elle a annexé en 1963 les territoires britanniques du nord de Bornéo et a englobé l'île de Singapour (où les Chinois sont majoritaires à 80 %) entre 1963 et 1965 avant que celle-ci ne proclame son indépendance.

En 1969, de graves émeutes raciales ont éclaté faisant de nombreuses victimes Chinoises ou Indiennes. L'état d'urgence a été proclamé et la démocratie suspendue jusqu'en 1971. Le clivage économique était grand entre une majorité malaise pauvre et une minorité chinoise qui détenait toutes les clés du commerce.

Pour diminuer la frustration des Autochtones vis-à-vis des immigrants asiatiques, le gouvernement de Kuala Lumpur s'est donné pour objectif d'élever de 3 % à 30 % la part des actions détenues par les Bumiputera (fils du sol, c'est-à-dire Malais et Aborigènes de Bornéo), de limiter à 40 % celle des autres citoyens de la Malaisie et de réduire celle des étrangers à 30 %. En outre, il a mis en place une politique de discrimination positive pour les *fils du sol*, en leur réservant 60 % des places à l'université et en leur garantissant l'accès prioritaire à l'administration.

Le bilan de ces mesures est mitigé : si la discrimination positive a rempli ses objectifs et a été reconduite, la part

d'actions des Bumiputera n'a grimpé qu'à 20 % au lieu des 30 % escomptés, celle des autres malaisiens a augmenté à 55 % tandis que la part des étrangers a régressé à 25 %.
À côté des discriminations ethniques existent d'autres qui sont religieuses. Même si la liberté de culte est reconnue, le prosélytisme est proscrit sauf pour les sunnites. Ceux-ci n'ont pas le droit de changer de religion. La conversion d'un non-musulman est rémunérée et le prosélyte peut obliger ses enfants mineurs à devenir musulmans sans demander l'avis de son conjoint. Le pays a connu plusieurs affaires retentissantes de conversion du mari suivie de la dissolution du mariage et de l'attribution de la garde des enfants à l'époux, conformément à la loi islamique. Les fonctionnaires et les musulmans sunnites doivent élever leurs enfants dans le courant majoritaire de l'Islam. Un des sultanats fédérés le Kelantan pratique intégralement la charia. Dans ce sultanat la bastonnade est pratiquée pour des manquements aux règles islamiques (tenue non conforme, consommation d'alcool), la musique et les danses de femmes proscrites, et les tenues *indécentes* (jupes pour les femmes, hauts talons, rouge à lèvres) sont interdites.
Un député a qualifié la politique pratiquée par la Malaisie d'Apartheid religieux. Elle pourrait en effet être qualifiée de raciste, mais personne ne la dénonce ni à l'intérieur du Pays ni à l'extérieur. Je vous laisse imaginer le tollé international si la France réservait les postes de fonctionnaires aux seuls juifs, chrétiens ou athées et instaurait des quotas favorables aux *Français de souche* dans les universités. Nous sommes en présence d'une réaction nationaliste et religieuse vigoureuse, dirigée non contre le colonisateur, mais contre des immigrants venus de Chine ou du sous-continent indien.

Singapour est une île au territoire étriqué (719 km^2, 7 fois la surface de Paris), peuplée de 5,5 millions d'habitants (contre 31 millions pour la Malaisie) elle compte 78 % de Chinois, 9 % de Malais 9 % d'Indiens, le reste étant constitué de Métis ou d'Européens. Il est remarquable qu'à l'heure où on s'effraie en Occident et plus particulièrement en France devant des considérations raciales, la race est indiquée sur les papiers d'identité des citoyens singapouriens.
La ville-état a pris son indépendance totale en 1965, afin de préserver son identité. Le pari est réussi, car Singapour est l'un des pays les plus riches du monde et les tensions ethniques sont quasi inexistantes. L'île n'aurait sans doute pas eu le même destin si elle était restée dans la fédération malaise.

Les îles Fidji

Les îles Fidji ont une particularité : elles ont connu le fameux *grand remplacement.* Les premiers habitants de cet archipel étaient des Austronésiens venus de Chine en passant par Taïwan et les Philippines. Les îles ont été découvertes par Abel Tasman, explorateur néerlandais. À partir de 1820 des planteurs européens se sont installés dans l'archipel. Pour être acceptés, ils ont fourni aux chefferies indigènes mousquets et munitions. Cet afflux d'armes a entraîné des conflits sanglants et permis un début d'unification. Un indigène, Cakobau, s'est proclamé en 1857 roi des Fidji même s'il ne contrôlait pas l'intérieur des terres. Profitant d'un cadre politique plus stable, les colons européens ont été de plus en plus nombreux à s'installer. Ils cultivaient le coprah et le coton et ont fait venir des indigènes originaires des Salomon et Néo-hébridais (souvent enlevés de force) pour travailler dans leurs champs. Ils ont pris un poids politique considérable au point de contraindre Cakobau à octroyer en 1871 une constitution de type monarchique avec un parlement composé paritairement de Fidjiens et d'Européens. Ce régime a rencontré l'hostilité croissante des Fidjiens, exaspérés par les conflits récurrents entre colons et indigènes sur les propriétés des terres. Devant l'anarchie grandissante et la perte de contrôle qui en découlait, le roi Cakobau s'est tourné vers l'Angleterre et a demandé que les Fidji deviennent un protectorat.

Le premier gouverneur anglais a interdit la vente de terres à des particuliers, il n'autorisa que leur location avec des baux de 21 ans. Il réussit ainsi à mettre fin à l'aliénation foncière des Fidjiens. Une maladie originaire de Ceylan a détruit en 1876, les caféiers qui étaient jusque-là une des principales cultures de l'archipel. Le prix du coton baissant sur les marchés mondiaux, les Anglais encouragèrent la production de canne à sucre. Le travail étant pénible, les Indigènes préférant se tourner vers le coprah et la banane, les planteurs d'origine européenne importèrent des travailleurs indiens pour servir de main-d'œuvre dans leurs champs de canne à sucre. Les engagés signaient un contrat de cinq ans à l'issue duquel ils étaient libres de retourner en Inde à leurs frais ou de signer un nouveau contrat. Au bout de dix ans de résidence, les Indiens obtenaient le droit de s'installer dans les îles Fidji. Ce transfert de population dura de 1879 à 1916, modifiant considérablement la composition ethnique de l'archipel : on comptait 61 000 Indiens en 1920. Ce système de contrats de travail proches de l'esclavage a donné lieu à de nombreux abus dénoncés par la presse Britannique ; il a été aboli après la Première Guerre mondiale

Les tensions raciales entre Mélanésiens et populations immigrées, mais aussi entre migrants venus des diverses régions du sous continent, détériorèrent le climat politique dès le début du XXe siècle. Les Indiens obtinrent en 1910 qu'un des leurs soit nommé au conseil législatif. En 1920, ils reçurent le droit d'élire trois d'entre eux sur une liste communautaire. Très tôt, Colons européens et Mélanésiens ont redouté la prise de contrôle politique de l'archipel par les Indo-Fidjiens du fait de leur poids démographique. Après une nouvelle réforme en 1930, le conseil législatif des îles Fidji comprenait 15 membres plus le gouverneur, 5 européens (3 élus, 2 nommés) 5 indiens (3 élus et 2 nommés) 5 Mélanésiens (tous nommés)

Après la Seconde Guerre mondiale, un programme de rapatriement des Indo-Fidjiens s'est soldé par un échec retentissant. En 1946 un recensement montra que les Indiens étaient désormais majoritaires dans l'archipel.

La marche vers l'indépendance fut compliquée par les problèmes ethniques, les Indo-Fidjiens voulant un vote dans un collège électoral unique, les Européens et les Aborigènes souhaitant un vote par communauté. C'est ce dernier point de vue qui finit par l'emporter. Selon la constitution promulguée la veille de l'indépendance, la chambre basse comptait 52 membres dont 27 étaient élus par des collèges électoraux communautaires (12 pour les Indiens, 12 pour les Mélanésiens, 3 pour les Européens et les Chinois) 25 étaient désignés dans un scrutin national au suffrage universel (10 Indiens, 10 Mélanésiens 5 de toute origine).

Durant les premières années de l'indépendance, les observateurs crurent voir dans les îles Fidji un modèle de démocratie et d'harmonie inter-ethnique. Selon le concept en vigueur à l'époque, « la voie Pacifique » tout problème devait trouver sa solution par la discussion, le compromis et les palabres.

Deux partis multi-ethniques s'étaient formés, le parti de l'alliance qui représentait plutôt les Mélanésiens et le parti national où les Indiens étaient majoritaires. L'alliance obtient la majorité en 1972, grâce au 26 % d'Indo-Fidjiens qui votèrent pour elle. Des dissensions entre Mélanésiens apparurent en 1975 ; un chef coutumier Fidjien proposa d'expulser tous les Indiens vers le sous-continent, les frais du voyage et de dédommagement devant être à la charge de l'Angleterre.

L'alliance remporta encore les élections de 1977 et de 1982 avec des majorités étriquées, les Indo-Fidjiens n'étant plus que 16 % à voter pour lui. Au milieu des années 1980, l'archipel connu des troubles sociaux et des militants de gauche créèrent le parti travailliste dont le programme prônait notamment des nationalisations. Le parti national gagna les élections de 1982 après avoir passé des accords avec les travaillistes, ce dernier ayant accepté de mettre en sourdine ses revendications économiques. Les Mélanésiens ne supportèrent pas cette victoire électorale des Indiens. Des chefs tribaux fondèrent le Takuei Mouvement dans le but de renverser le gouvernement élu et d'expulser les Indiens. Après des émeutes ethniques et des scènes de pillage, l'armée mit fin au chaos et prit le pouvoir. Un militaire, le colonel Rabuka devint Premier ministre et proclama la République (La reine Élisabeth II était jusqu'alors la cheffe de l'État).

Une nouvelle constitution fut mise en place, la chambre basse comptant 70 députés dont 37 Mélanésiens, 27 Indiens et 6 de toutes origines.

Les premières élections selon ce nouveau système n'eurent lieu qu'en 1992 et furent remportés par un parti

proche des militaires. Beaucoup d'Indo-Fidjiens s'étant entre-temps exilés principalement en Australie et en Nouvelle-Zélande, les Autochtones étaient à nouveau majoritaires dans leur pays. Cependant, la diminution importante de population provoqua une crise économique dont l'archipel eut du mal à se relever. En 1997, on changea à nouveau la composition de la chambre, une partie fut élue selon un scrutin communautaire (23 pour les Mélanésiens 19 pour les Indiens 4 pour des membres de toutes origines) le reste (25 sièges) était désigné par le suffrage universel sans considérations ethniques.
Les élections de 1999, qui se déroulèrent dans un climat apaisé, amenèrent au pouvoir un Premier ministre Indo-Fidjien. Mais celui-ci fut renversé en 2000 par un coup d'État perpétré par un homme d'affaires mélanésien qui souhaitait revenir à la constitution de 1990 et interdire aux Indiens d'accéder au sommet de l'état. La médiation de l'armée amena un gouvernement de transition dirigé par un indigène Laisenia Quarase. Ce dernier remporta les élections de 2001 et de 2006. Il fut cependant à son tour renversé par l'armée en 2006 et accusé d'avoir, par des mesures de discrimination positive et des propos racistes envers les Indiens, attisé le conflit ethnique. Une nouvelle constitution a été adoptée : le sénat et les collèges communautaires ont été supprimés, les listes sollicitant les suffrages des électeurs devaient impérativement être multi-ethniques. Les élections démocratiques qui n'ont eu lieu qu'en 2014 ont été remportées par un parti proche des militaires. À l'issue de celles-ci, les îles Fidji qui avaient été à deux reprises exclues du Commonwealth ont été pleinement réintégrées dans cette institution.
Les Mélanésiens n'ont jamais accepté qu'un Indien devienne Premier ministre. Le seul qui l'ait été a été

renversé au bout d'un an par un coup d'État. La réaction des Autochtones possède de forts relents racistes. Mais les îles Fidji sont un cas à part. Aucun autre pays n'a connu au vingtième siècle *un Grand Remplacement* si on excepte les États du Golfe, mais dans ces derniers pays les Musulmans ont gardé tous les leviers du pouvoir sans en concéder aucun aux nouveaux arrivés.

L'Algérie.

L'Algérie a été conquise par les Français à partir de 1830 et totalement pacifiée en 1871, à l'issue d'une guerre sauvage parsemée d'atrocités de part et d'autre. Une des raisons, souvent occultée, qui a motivé la prise d'Alger est la lutte contre l'esclavage des chrétiens par les pirates barbaresques. (En 300 ans 1300 000 Européens ont été asservis au Maghreb). Suite au bombardement de sa capitale par une flotte anglo-néerlandaise, le Dey d'Alger avait certes signé, contraint et forcé, un accord en 1816 par lequel il s'engageait à supprimer la servitude des chrétiens ; néanmoins les raids barbaresques ont continué jusqu'en 1830.

Les colons d'origine européenne (Française, Espagnole, Allemande, Maltaise, Suisse, Italienne) ont commencé à s'installer en Algérie dès 1834. Comme aux USA, en Australie, en Nouvelle-Calédonie ou en Nouvelle-Zélande, les indigènes ont été privés de leurs meilleures terres, tandis que la transhumance a été limitée pour faire place aux agriculteurs. En 1876, les colons qui représentaient 12,5 % de la population possédaient 25 % des terres agricoles. La spoliation a continué après cette date et, en 1910, les tribus avaient perdu entre 50 % et 80 % de leur domaine foncier.

Après la conquête, la population musulmane de l'Algérie a fortement diminué et a connu son nadir en 1870 à la suite d'une famine et d'une épizootie de variole. Certains auteurs estiment que 600 000 musulmans sont morts entre 1870 et 1876. En 1876, ils n'étaient plus que 1,6 million contre 311 000 chrétiens et 40 000 israélites. Certains colons envisageaient pour les musulmans un sort comparable aux Indiens des USA, c'est-à-dire une lente extinction, ce qui poussa après la guerre franco-allemande des agitateurs (de gauche) à évoquer une éventuelle sécession avec la métropole, mais ces tentations furent balayées par l'insurrection de la Kabylie en 1871 : les habitants d'origine européenne comprirent qu'ils ne pourraient jamais se passer de la protection de l'armée française.

Depuis 1865, les Indigènes Algériens pouvaient devenir des citoyens français à part entière s'il déposait un dossier et si celui-ci était validé, mais cette possibilité fut peu exploitée ; les musulmans la considéraient comme une apostasie, car le postulant devait renoncer à la charia. Cette facilité fut surtout utilisée par des Kabyles convertis au catholicisme. On estime à 7000 le nombre de musulmans volontairement naturalisés entre 1865 et 1947. Les Juifs hésitaient également à quitter leur statut mosaïque qui leur permettaient d'être polygames et d'être jugés selon les lois bibliques. Peu le firent spontanément mais ils furent naturalisés de force en 1870 par un décret pris à l'initiative du sénateur israélite Henri Crémieux.

Après 1876, des campagnes de vaccinations et des meilleures techniques agricoles permirent un renouveau démographique chez les musulmans algériens. En 1921, il y avait 721 000 chrétiens et juifs en Algérie (14 % de la population) contre près de 5 millions de musulmans.

Après la Première Guerre mondiale, l'Algérie connut ses premiers mouvements nationalistes, à l'époque modérés : ils revendiquaient principalement la création d'une République algérienne ouverte à toutes les religions et qui conserverait un lien institutionnel avec la France. Les moins virulents des nationalistes étaient liés à l'association des Ulémas ; leur combat était surtout culturel et ils prônaient l'utilisation de l'Arabe littéraire dans l'enseignement à la place de l'Arabe dialectal et du Français bien qu'à l'époque très peu de musulmans s'exprimaient dans la langue du Coran.
Les mouvements nationalistes se sont radicalisés après la Seconde Guerre mondiale. Le 8 mai 1945, à Sétif, après qu'un scout musulman brandissant un drapeau algérien eut été tué par un policier, 102 Européens ont été assassinés par des émeutiers. La répression fut aveugle et sans discernement. Les autorités françaises estiment à 1165 Algériens tués lors des événements alors que le FLN évoque 45 000 victimes. La vérité étant sans doute entre les deux. En 1947, les musulmans Algériens ont obtenu le droit de désigner autant de députés que les Chrétiens ou les Juifs alors qu'ils étaient 9 fois plus nombreux. Les élections de 1947 dans le collège coranique ont été truquées par les autorités afin de favoriser des personnalités modérées profrançaises.
À la Toussaint 1954, le FLN (Front de libération national) de création récente a déclenché une série d'attaques et créé un maquis dans les Aurès. La France a affirmé dans un premier temps qu'elle ne négocierait jamais et choisi la voie des armes. L'insurrection a d'abord été contenue à quelques accrochages armés, mais en 1955 un massacre dans des conditions atroces de femmes et d'enfants européens par des rebelles a provoqué des représailles

sanglantes et aveugles qui ont soudé les musulmans autour du FLN.

Malgré l'abandon, en 1956 du Maroc et de la Tunisie, la France s'est obstinée à ne pas négocier ce qui a radicalisé ses adversaires. En 1958, un coup d'État militaire larvé a amené au pouvoir le général de Gaulle. Celui-ci pour des raisons tactiques a proposé d'abord la francisation de l'Algérie et a octroyé tous les droits de citoyens à l'ensemble des musulmans. Ayant conscience que la démographie rendait vain tout maintien de l'Algérie dans le giron français, le Président français s'est résigné à négocier avec le FLN, après avoir essayé de susciter d'autres interlocuteurs plus modérés. Les accords d'Évian qu'il a réussi à faire signer par les négociateurs algériens, mais qui n'ont pas été ratifiés par le FLN, étaient très défavorables à la France et ont provoqué l'exode des colons français et des Israélites.

La France avait gagné militairement la guerre d'Algérie et si elle s'était maintenue, une « paix des braves » se serait sans doute installée, grâce à des accords locaux ; elle aurait duré une dizaine d'années avant que le terrorisme ne reprenne. Mais le problème n'aurait pas été réglé pour autant et l'assimilation de 10 millions de musulmans dans un pays de 55 millions de chrétiens était utopique. Le général de Gaulle n'a-t-il pas évoqué *Colombey, les deux mosquées* pour justifier l'abandon des départements algériens ?

Des solutions différentes que celle qui a été choisie auraient été néanmoins possibles, notamment la création d'un état « satellite » qui se serait maintenu grâce à l'armée française. Mais l'attraction des musulmans pour le FLN rendait cette option incertaine et peu viable. Elle était aussi antidémocratique. En outre le résultat final aurait été peu

différent. Tout au plus l'émigration des colons aurait été moins brutale, elle se serait déroulée sur une dizaine d'années à l'instar de ce qui s'est passé au Maroc ou en Tunisie où les Français sont partis entre 1956 et 1965.
On aurait pu également partager l'Algérie, en gardant sous la domination de la France, l'Algérois et l'Oranais et en concédant le reste au FLN. Le général de Gaulle a évoqué cette possibilité, mais dans son esprit il s'agissait surtout de faire pression sur les insurgés et de les amener à être plus conciliants. Cette option n'aurait eu un sens et un avenir que si les habitants des enclaves françaises étaient à 75 % des Colons ou des Juifs. Il aurait fallu pour obtenir ce résultat expulser une grande partie de la population musulmane, ce qui n'aurait pas été accepté par l'opinion mondiale. En outre, la France aurait accueilli dans l'Algérie restée Française, les anciens harkis, menacés de mort par le FLN. Les enclaves auraient-elles compté suffisamment « d'Européens de souche » pour qu'elles restent françaises jusqu'à nos jours ? Sans doute pas. La réunification aurait été inévitable à terme. Comme le FLN n'aurait jamais accepté la partition, nous aurions connu une guerre larvée jusqu'à la rétrocession des enclaves.
Si la France avait signé un accord avec le FLN dès 1956, peut-être aurait-elle arraché de meilleures conditions et une protection plus efficace pour ses ressortissants, car à cette époque les insurgés étaient moins radicalisés. Cependant, le conflit n'était pas seulement colonial, mais également racial et religieux. Si ces deux aspects n'avaient pas été présents, une minorité européenne aurait pu, comme au Kenya, vivre en paix sur le sol algérien et contribuer à la prospérité du pays. Il lui aurait suffi au gouvernement FLN de procéder à une réforme agraire pour limiter le poids des colons et attribuer la grande

majorité des terres aux fermiers musulmans. Mais en réalité, l'Islam créait un fossé entre les communautés et rendait impossible le maintien d'une minorité chrétienne. Et de toute façon, même si le FLN avait eu un réel souci d'apaisement et de collaboration et n'aurait pas fait fuir les Pieds Noirs, l'effroyable guerre civile algérienne lancée par les islamistes se serait tout de même produite et aurait chassé les colons.
On a vu avec les Fidji la difficulté qu'ont des ethnies de cultures différentes à s'entendre, mais l'Islam rend les choses encore plus ardues, car pour les extrémistes de cette religion, la charia doit régir la société où ils vivent même si les musulmans sont minoritaires. Il était donc inévitable que l'Algérie vomisse les « Européens de souche » comme un corps inassimilable. Les Juifs qui habitaient depuis deux millénaires dans l'ancienne Numidie ont été pris dans ce rejet et ont dû quitter en catastrophe le pays de leurs ancêtres.

L'Afrique du Sud.

Des colons originaires des Pays-Bas (les Boers c'est-à-dire « paysans » en néerlandais) se sont installés près du Cap de Bonne Espérance en 1652. La région n'était alors occupée que par quelques Hottentots, restés au stade des chasseurs-cueilleurs. Les Boers ont progressé lentement vers le Nord et ont rencontré les Bantous en 1770 à 900 km de l'est du Cap. Selon les idéologues Boers de l'époque de l'Apartheid, les « Blancs » ayant pris en charge en 1652 un pays « vide » (pour eux les Hottentots ne comptaient pas) et les « Noirs » n'étant arrivés qu'un siècle après eux, ces derniers n'auraient de ce fait aucun droit sur la majeure partie de l'Afrique du Sud, mais cette vision est caricaturale : les Noirs sont présents dans la province du Cap depuis le début du XIXe siècle, importés comme esclaves par les colons néerlandais. À partir de 1776 de nombreux incidents (les guerres cafres) ont opposé Bantous et Boers, au point qu'un sagace gouverneur néerlandais a fixé aux colons une frontière à ne pas dépasser pour limiter les affrontements.

À l'issue des guerres napoléoniennes, la colonie du Cap est passée sous la tutelle de la Grande-Bretagne. Peu de temps après cette annexion, l'Afrique Australe a été déstabilisée par le *Mfecane*, terme bantou qui signifie « grand dérangement » : entre 1818 et 1825, sous la direction d'un chef charismatique Chaka, les Zoulous, un petit peuple d'agriculteurs, a entrepris de fonder un Empire. Les femmes et les enfants des peuples vaincus étaient assimilés de force tandis que leurs pères et leurs maris étaient soit massacrés soit exilés. Un royaume puissant, vaste et ethniquement cohérent s'est ainsi créé en l'espace d'une décennie, mais le *Metcafe* a bouleversé de fond en comble la carte politique, ethnique et démographique de toute l'Afrique Australe. Des peuples entiers ont été réduits à l'errance et ont connu la famine. Se heurtant au Sud et à l'Est aux Boers, ils ont été rejetés pour les plus chanceux vers le Nord, pour les autres vers les terres arides et inhospitalières de l'Ouest. Beaucoup d'hommes, privés de leur famille, ont été contraints de mendier ou de se placer comme esclaves auprès des autres tribus.

La fin de l'esclavage, imposée par la Grande-Bretagne en 1835, a provoqué la colère des Boers. La moitié d'entre eux se sont alors exilés hors des possessions britanniques, lors d'un exode massif appelé *le grand Trek*. Les Boers ont d'abord créé la république de Natalia autour de Durban. Après l'annexion de cet état par l'Angleterre en 1840, les

Boers ont repris leur errance vers le centre de l'Afrique. Ils ont anéanti l'armée zouloue lors de la bataille de Sand River, se sont tournés vers l'Est et ont fondé une kyrielle de petites républiques. Celles-ci ont fusionné entre elles pour former l'état libre d'Orange et le Transvaal. L'indépendance de ces deux républiques Boers a été reconnue en 1854 par le Royaume Uni ; cependant elles ont été annexées à leur demande par Londres en 1880. Les Boers craignaient en effet d'être submergés par les Zoulous qui avaient digéré la sanglante défaite de la Sand River et redevenaient menaçants. Après la difficile victoire britannique sur les Zoulous, les Boers se sont soulevés et ont contraint la Grande-Bretagne à leur restituer leur indépendance en 1881. Celle-ci a été de courte durée. Une guerre meurtrière a éclaté en 1899 entre l'Empire britannique et le Transvaal soutenu par l'état libre d'Orange. Malgré une résistance opiniâtre, les Afrikaners (nouveau nom des Boers) ont dû capituler en 1903.

Conformément aux dispositions du traité de paix signé pour mettre au conflit, l'Afrique du Sud a obtenu son autonomie interne en 1910 et son indépendance formelle en 1932. Le droit de vote était alors réservé aux Blancs sauf dans la province du Cap et au Natal où les Asiatiques et les Métis pouvaient sous certaines conditions s'inscrire sur les listes électorales.

Comme aux USA, en Australie ou en Nouvelle-Zélande les meilleures terres avaient été confisquées par les Blancs et les tribus noires confinées dans des réserves. En 1934, une loi a fait passer la part des zones africaines de 7 % à 13 % de la surface du pays.

Après la Seconde Guerre mondiale, les Afrikanders ont mis en place la politique dite de « l'Apartheid » dont les prémices existaient depuis 1910. Il s'agissait dans l'esprit de ses promoteurs de séparer les Blancs, les Noirs, les Métis et les Asiatiques. Le territoire urbain était partagé en zones réservées aux diverses ethnies, les Noirs devant se contenter de bidonvilles dans de lointaines banlieues. Le gouvernement Sud-africain a en outre créé une dizaine de micro-États à la superficie restreinte, les bantoustans : chaque tribu indigène avait son territoire spécifique ; les Afrikaners souhaitaient par ce biais enlever la nationalité sud-africaine à tous les Noirs, qui ne seraient plus que des immigrants dans une Afrique du Sud blanche. De même, le droit de vote a été progressivement retiré aux Métis et aux Asiatiques des provinces du Cap et du Natal.

L'Apartheid a rencontré une hostilité croissante tant interne qu'externe, qui s'est accentuée après les indépendances africaines. Des sanctions, qui se sont alourdies au fil des années, ont été votées sous l'égide de l'ONU. L'agitation intérieure incessante, les émeutes raciales, la pression de l'ANC qui a su fédérer au-delà des Noirs, l'indépendance de l'Angola et du Mozambique, la chute de Rhodésie blanche, la guerre perdue contre les Cubains en Namibie ont mis fin au rêve utopique de créer une Afrique australe dominée par les colons d'origine européenne. Après l'échec de l'élargissement unilatéral du collège électoral aux Métis et aux Asiatiques, des négociations se sont ouvertes dont les résultats ont été approuvés par referendum par les électeurs blancs, Métis et Asiatiques. En 1996, les premières élections libres et démocratiques ont porté au pouvoir l'ANC et Nelson Mandela.

Le Premier Président de l'Afrique du Sud multiraciale était animé par un désir de paix et de réconciliation. En 1994, la plupart des conglomérats miniers et bancaires ont cédé de 10 % à 26 % de leur capital à des Noirs, des Asiatiques

et des Métis afin de mettre fin à l'hégémonie économique des Blancs. Mais cette politique a entraîné l'explosion de la corruption au sein des dirigeants de l'ANC. Les cessions d'actions continuent néanmoins à être encouragées. Une politique de discrimination positive (obligation pour les PME d'employer un minimum de 40 % de cadres Noirs) a favorisé l'émergence d'une classe moyenne noire, mais a conduit 10 % de la population Blanche sous le seuil de pauvreté tandis que l'Afrique du Sud reste un pays profondément inégalitaire. En outre, 16,8 % des Blancs, les plus diplômés et les mieux formés, se sont exilés faute de perspective dans leur pays natal. Le gouvernement songe à infléchir sa politique pour tenter de faire revenir les expatriés. Bien que le PIB de l'Afrique du Sud soit le plus élevé du continent africain, la situation économique est difficile et se traduit par un chômage de masse (27 %). La politique menée par l'ANC semble peu efficace et risque de mener au désastre.
Les tensions raciales sont toujours fortes, entretenues par des extrémistes Noirs et Blancs dont l'audience électorale ne cesse de grandir. Le problème se focalise actuellement sur les terres qui restent à 80 % la propriété des Blancs. Une première réforme agraire prévoyant d'acquérir des terres Afrikaners à leur prix réel pour les concéder par la suite à des agriculteurs Noirs a été votée en 1998. Le but était de redistribuer 30 % de la surface foncière, mais en 2019 le transfert ne concernerait que 8 % des terres (voire 5 % d'après certains experts) et on ne prévoit d'atteindre l'objectif des 30 % qu'en 2025. Le coût élevé des achats, la forte diminution des rendements après l'installation de nouveaux agriculteurs, la peur d'un effondrement économique semblable à celui qu'a connu le Zimbabwe après la confiscation des fermes des Blancs explique ces

retards. Un projet de nationalisation foncière sans indemnisation a été évoqué, mais le gouvernement semble hésiter à le mettre en œuvre.
De nombreux fermiers Afrikaners sont assassinés par des cambrioleurs noirs au point que l'on parle, sans doute avec exagération, de génocide blanc en Afrique du Sud.
Les accords signés en 1996 confèrent aux Blancs le droit de créer un état fédéré, le Volkstaat, qui leur serait réservé. Mais il est interdit de déplacer des populations pour le mettre en place, ce qui limite considérablement les possibilités. Deux petites enclaves Afrikaners, sur lesquelles nous reviendrons, ont cependant été créées à Oriana et à Kleinfontain. Si l'insécurité et les tensions raciales s'exacerbent, les réserves pour Caucasiens se multiplieront dans tout le pays, notamment dans la province du Cap et dans les quelques zones de l'État libre d'Orange où les Blancs sont majoritaires. Il sera néanmoins très difficile, voire quasiment impossible de former une entité d'un seul tenant, sauf à envisager des échanges ethniques.

Le Zimbabwe

La Rhodésie du Sud a été à partir de 1900 une colonie de peuplement européen. Un gouvernement responsable a été accordé aux seuls électeurs blancs en 1926. Le schéma de la colonisation reprenait celui que nous avons vu en Australie et en Nouvelle-Zélande : confiscation de terres indigènes, création de réserves foncières pour les Autochtones, essor des villes administratives.
En 1965, alors que l'Ouganda, le Kenya, la Rhodésie du Nord (la Zambie), la Tanzanie, le Nyassaland (le Malawi) avaient accédé à l'indépendance sous des gouvernements dirigés par des Autochtones, les Britanniques ont fait

pression sur le gouvernement sud-Rhodésien pour qu'il accorde plus de poids politique à sa majorité noire. Celui-ci a refusé et a proclamé unilatéralement son indépendance. De multiples négociations avec la Grande-Bretagne ont échoué et une insurrection armée a éclaté en 1970. La minorité blanche, qui a son apogée, représentait 10 % de la population totale, a tout tenté pour conserver son pouvoir, en s'appuyant notamment sur des nationalistes noirs modérés. Si pendant 9 ans l'armée rhodésienne a mis en échec la guérilla, la situation militaire a fini par se dégrader en 1979, quand les rebelles ont utilisé des missiles anti-aériens efficaces. Les négociations se sont alors débloquées et en 1980 la Rhodésie du Sud est redevenue pour six mois une colonie britannique. Des élections libres ont été organisées et la Rhodésie du Sud, désormais appelée Zimbabwe, a accédé à l'indépendance sous la direction de Robert Mugabe. Les débuts de ce dirigeant ont d'abord été marqués par la modération, mais pour satisfaire ses partisans, il a été amené à confisquer sans indemnités les fermes des Blancs pour les donner à des vétérans de la guérilla. L'inexpérience de ces nouveaux fermiers a conduit à l'effondrement de la production agricole qui était jusqu'alors un des atouts du Zimbabwe. Tous les secteurs de l'économie sont en crise, le pays mal géré est en proie à une hyperinflation qui égale celle de la République de Weimar de 1923 (à un moment au Zimbabwe les prix au restaurant changeaient pendant le repas !) et 90 % de la population active serait au chômage, alors qu'en 1980 le pays était sorti du sous-développement. Le racisme ambiant, l'insécurité grandissante et l'expulsion sans indemnisation de leurs terres ont conduit beaucoup de Blancs à s'exiler en Afrique du Sud ou en Australie ; les caucasiens ne représentent plus que 1 % de la population totale du Zimbabwe.

Le sort des Bancs dans les autres colonies

Si les anciennes Indes Néerlandaises ont chassé les colons bataves en 1957 et si l'Angola et le Mozambique ont perdu leurs « Pieds-Noirs » tout de suite après leurs indépendances, en revanche dans certaines colonies britanniques, comme le Kenya, les Fidji, les Salomon, Hong Kong, Singapour, l'Inde, les minorités blanches sont restées et si leur poids démographique a diminué, ils n'ont subi aucune persécution raciale ou administrative du moment qu'ils prenaient la nationalité de leur nouveau pays. Au Kenya, pays qui a portant connu entre 1952 et 1956, une insurrection provoquée par l'accaparement des terres par les colons, les Blancs sont encore 65 000 (0,2 % de la population). Il existe 150 000 Anglo-indiens en Inde où la constitution leur accorde 2 députés dans la chambre basse (Ils sont nommés par le Président). Les tensions raciales ne sont donc pas une fatalité, même si elles sont le modèle dominant.

Chapitre IV

Les conflits inter-ethniques ou inter-religieux

Nous allons faire un tour (non exhaustif) et mondial des minorités et des innombrables conflits inter-ethniques ou inter-religieux qui en découlent. Nous verrons que dès que cohabitent des communautés de langue ou de religion différentes, la plupart du temps des heurts se produisent. Il n'y a aucune raison pour que la France devenue un pays multi-ethnique échappe à cette malédiction.

Les minorités non amérindiennes aux USA

Les USA vivent un « grand remplacement » plus avancé que le nôtre. Les Caucasiens protestants ou catholiques ne seront plus majoritaires dans quelques années majoritaires tout en restant la communauté la plus nombreuse. L'ethnie dont les effectifs croissent le plus vite est la communauté hispanique. Elle est sans cesse renforcée par l'immigration clandestine. Elle s'intégrera rapidement, car ses « valeurs » ne sont pas différentes de celles des Caucasiens. Les deux groupes créeront probablement avec les Juifs un nouveau bloc majoritaire.
La communauté afro-américaine a été victime d'une ségrégation implacable qui n'a officiellement pris fin qu'en 1960. Les USA ont connu de nombreuses émeutes raciales et certains extrémistes noirs ont même préconisé un

temps l'établissement d'un état séparé pour leur ethnie. Cette revendication est un peu passée de mode, mais l'intégration de la minorité afro-américaine reste fragile. L'élection de Barak Obama, le fait que désormais des politiciens noirs choisissent le Parti Républicain (ce qui évite de faire des Démocrates un parti à base ethnique) sont des signes positifs, mais rien n'est gagné. Il existe de nombreux ghettos (réserves ?) noires, mais les diverses communautés des USA (Italienne, Polonaise, Vietnamienne, Chinoise, …) ont tendance à se rassembler dans des quartiers spécifiques.

Le Canada

Des séparatistes du *Front de libération du Québec* ont commis entre 1960 et 1970 des hold-up et des attentats à la bombe. Le point culminant de ce terrorisme d'inspiration marxiste et révolutionnaire se place, en 1970 avec l'enlèvement et l'assassinat du vice-ministre du Transport de *la belle Province.* Par la suite, les indépendantistes québécois parvenus au pouvoir ont organisé 2 referendums dont le deuxième en 1995 a été perdu de justesse. Les tensions entre francophones et anglophones ne sont que linguistiques tout en s'enracinant dans l'Histoire, celle des colons canadiens de langue française menacés de submersion par les Anglais. Il existe également un mouvement qui prône le *Wexit,* c'est-à-dire la sécession de l'Alberta seule ou renforcée par le Saskatchewan, le Manitoba et la Colombie Britannique. Cette tentation a été renforcés récemment par le refus des autorités fédérales d'exploiter le pétrole des schistes bitumineux de la province et d'une manière générale par la politique énergétique d'Ottawa.

Les îles Caraïbes

Les esclaves révoltés d'Haïti ont arraché l'indépendance de leur pays en 1804. Les 10 000 colons Blancs (hommes, femmes, enfants) restés à Haïti après le départ de l'armée française ont été massacrés sur ordre du Président Dessalines. Le pays a connu par la suite des tensions raciales entre les mulâtres qui constituaient la classe dominante et les Noirs. Le Président noir Lysius Salomon a fait exécuter 4000 mulâtres en 1883 ; le massacre ne s'est arrêté qu'après l'intervention des puissances étrangères.
Dans l'autre pays qui partage l'île d'Hispaniola avec Haïti, plus de 20 000 haïtiens, hommes femmes, enfants ont été exterminés en 1937 sur ordre du dictateur dominicain Trujillo sous le prétexte odieux de *blanchir le pays*.
Dans la plupart des îles Caraïbes (Martinique, Guadeloupe, Jamaïque) les tensions ethniques entre la toute petite minorité blanche qui détient la plus grande part des leviers économiques et l'immense majorité de la population qui descend des esclaves noirs se mêlent aux problèmes sociaux induits par un chômage endémique.

La Slovaquie

La Slovaquie a été du Xième siècle à 1918 une province hongroise ; sa ville principale Bratislava a été, sous le nom de Presbourg, la capitale de la Hongrie royale, la fraction du royaume Magyar qui n'avait pas été conquise par les Turcs.
En 1918, la Slovaquie a été artificiellement réunie à la Bohème et la Moravie sans qu'un referendum ne sanctionne cette « annexion » ; très vite des tensions séparatistes sont apparues. Sous la pression des Allemands, la Slovaquie a, en mars 1939, proclamé une

première fois son indépendance alors que la Tchécoslovaquie était envahie par le troisième Reich. Elle a dû céder le sud de son territoire, peuplé d'Hongrois au royaume magyar. Reconquise par les Soviétiques en 1945, elle a réintégré le giron tchécoslovaque avant de divorcer à nouveau en 1993, 4 ans après la chute du rideau de fer. Depuis, les relations avec le peuple tchèque sont au beau fixe, prouvant que la séparation était la meilleure solution. Il existe néanmoins quelques tensions avec la minorité Magyar qui constitue plus de 50% de la population dans quelques zones du Sud de la Slovaquie : celles-ci auraient dû en toute logique revenir à la Hongrie après le traité du Trianon en 1920 qui a clos la Première Guerre Mondiale. Mais les alliés ont voulu, au détriment du droit des Peuples de disposer d'eux-mêmes, donner le contrôle des voies de chemin de fer à la Tchécoslovaquie.

Les mouvements séparatistes de l'U.E

Notre vieux continent connaît des revendications sécessionnistes qui s'expriment parfois par des conflits de basse intensité. C'est le cas de la Corse, où une fraction importante des insulaires souhaite l'autonomie, voire l'indépendance. L'île a connu de multiples attentats et le FLNC a assassiné le préfet Érignac en 1998. De même il existe quelques indépendantistes en Bretagne qui ont dans les années 1970 à 1980 commis de nombreux plasticages. La Belgique est constituée de trois communautés (Wallonne, Flamande et Allemande) qui ne se différentient que par la langue. Après cinquante d'années de tensions, un fédéralisme poussé a permis de dépassionner quelque peu le débat, même si des partis extrémistes demandent toujours l'indépendance de la Flandre ou du moins une plus large autonomie. L'existence de zones ethniquement homogènes a été un facteur d'apaisement dans ce conflit. En Espagne, le Pays basque a connu de nombreux attentats et assassinats ainsi qu'un contre-terrorisme téléguidé par Madrid. Les séparatistes basques ont déposé les armes en 2011 et l'indépendance passe désormais par un combat uniquement politique. La Catalogne n'a pas connu d'attentats jusqu'à présent, seulement une tentative avortée de sécession en 2018 réprimée avec sévérité. Néanmoins, les esprits sont échauffés dans cette région, et on lit dans la presse des avis sur les Castillans ou les Catalans qui frôlent le racisme. Un mouvement séparatiste existe aux îles Canaries alors que la population ne diffère guère génétiquement des autres espagnols ainsi que nous l'avons vu dans le paragraphe parlant de l'extermination des guanches. Récemment la police a mis les verrous des séparatistes galiciens.

En Italie, la guérilla indépendantiste sicilienne a été éradiquée et l'île a obtenu son autonomie en 1945. Le Trentin à majorité allemande, qui a été annexé en 1918 par l'Italie contre le droit des peuples à disposer d'eux-mêmes continue de poser des problèmes. On devrait en toute logique demander aux habitants de cette région s'ils souhaitent ou non être réunis à l'Autriche.

L'Écosse a choisi par referendum de rester Britannique, mais sa première ministre réclame depuis le Brexit un nouveau scrutin. L'Irlande du Nord à majorité protestante a connu plusieurs décennies d'attentats et d'assassinats. Un fragile accord de paix a été signé en 1998 et a partagé le pouvoir entre Catholiques et Protestants. Le processus a été longuement en panne consécutivement à des dissensions entre les partis et semble reparti sur des bonnes bases. Pour la première fois, un sondage a donné une courte majorité aux partisans de la réunification avec l'Irlande, mais ces résultats sont fragiles et les unionistes protestants n'accepteront jamais l'union avec l'Eire. L'annexion des comtés catholiques de l'Ulster par l'Irlande du Sud pourrait être une solution définitive et radicale du conflit, même s'il impliquerait quelques déplacements de population. Le traité qui a conduit à l'établissement de l'état libre d'Irlande en 1922 prévoyait d'ailleurs cette modification des frontières, mais les protestants ont prétexté que leur province ne serait plus économiquement viable pour s'opposer à ce découpage ; leur hostilité a amené la Grande-Bretagne à échanger le statu quo des frontières contre le remboursement de la dette irlandaise. De nos jours, grâce à l'intégration économique qui persistera sans doute après le Brexit, une Ulster restreinte aux comtés protestants serait tout à fait viable.

L'Europe a connu de nombreux attentats et sanglants islamiques, en France, en Espagne, en Angleterre, en Belgique, en Allemagne et en Suède. Une guerre larvée est menée contre les états chrétiens par la frange radicale des musulmans installer en Europe et rien ne semble capable de l'enrayer. À l'inverse, en France et surtout en Allemagne, des extrémistes nationalistes ont assassiné des musulmans. Certains craignent que ces violences sanglantes ne soient les prodromes d'une guerre civile de basse intensité.

Les États de l'ancienne Yougoslavie

La Yougoslavie a été dès sa création en 1918 la proie de tensions séparatistes. La Croatie a proclamé une première fois son indépendance en 1941 et a formé un état raciste et fasciste. Après la Seconde Guerre mondiale, Tito a transformé son pays en une confédération de 6 républiques largement autonomes. Mais cette expérience a tourné court dès la chute du communisme. L'une après l'autre, les ex-républiques confédérées ont proclamé leur indépendance, la dernière étant le Monténégro.

La Macédoine ou le Monténégro se sont séparés de la Yougoslavie sans opposition du pouvoir central tandis que la Slovénie a acquis son indépendance après un conflit de faible intensité qui a duré 9 jours et fait 64 morts. En revanche les sécessions de la Croatie et de la Bosnie ont provoqué une guerre sanglante : Belgrade a essayé d'annexer les régions à majorité serbe de ces deux états en chassant les habitants catholiques et musulmans des zones qu'elles convoitait. Après une guerre qui a duré 6 ans et qui a été ponctuée de nombreux massacres, les Serbes ont dû se retirer. La paix actuelle qui dure depuis 20 ans est la conséquence d'une épuration ethnique : la minorité serbe de Croatie est passée de 12,6 % de la population en 1991 à 4,5 % en 2019. La Bosnie a été découpée en trois entités serbe, croate et musulmane réunies par un faible lien confédéral. La logique voudrait que les parties croates et serbes rejoignent le giron de leurs peuples respectifs laissant une Bosnie restreinte à la seule région musulmane, mais le dogme de la conservation à tout prix des frontières interdit de tels remaniements pourtant conformes aux désirs des peuples concernés.

Le Kosovo a obtenu son indépendance à l'issue de bombardements aériens de l'OTAN provoqués par des rumeurs d'exactions serbes (qui semblent imaginaires). Des négociations se sont ouvertes récemment pour échanger le nord du nouvel état, peuplé en grande partie par des Serbes avec des cantons de la Serbie habités par des musulmans. La minorité serbe du Kosovo s'estime discriminée par les autorités de Pristina.

La Macédoine est une mosaïque de peuples, mais aucune de ses régions ne possède une population ethniquement (ou religieusement) homogène, ce qui préserve ce pays de l'éclatement. Cependant, la vie politique macédonienne est chaotique et les tensions intercommunautaires nombreuses.

Les musulmans du Monténégro (19,1% de la population) sont majoritaires dans les régions contiguës à l'Albanie et au Kosovo. Les tensions intercommunautaires sont vives dans ce petit pays.

La langue serbo-croate était commune à la plus grande part des habitants de l'ancienne Yougoslavie. Mais cela n'a pas suffi à créer un sentiment national. Croates, Serbes, Monténégrins et Musulmans Bosniaques sont séparés par la religion et l'Histoire. Les Croates ont lié vers 1200 leur sort à la Hongrie puis à l'Empire d'Autriche et sont Catholiques. Les Serbes ont fondé un empire, vaincu et annexé par les Turcs. Ils ne sont redevenus indépendants qu'en 1815 et ils sont de confession orthodoxe.

Les Monténégrins ont conquis leur indépendance en 1709 et ont une personnalité ethnique affirmée.

Les Bosniaques avaient fondé un royaume au Moyen Âge et possédaient une église nationale séparée de Rome et de Constantinople. Il est impossible au vu des sources (polémiques) de savoir si les canons de cette église bosniaque étaient proches de ceux des catholiques, des orthodoxes ou si elle intégrait des caractéristiques manichéennes voire ariennes. Cette église a disparu après la conquête turque et ses membres se sont pour beaucoup convertis à l'Islam.

Les Kurdes

À l'issue de la Première Guerre mondiale, les alliés avaient prévu la création d'un vaste état Kurde, mais la victoire d'Atatürk a empêché la dislocation de la Turquie. Le problème Kurde n'est toujours pas réglé en 2019, bien que ce peuple constitue 40 % de la population anatolienne et est majoritaire dans l'Est de la Turquie. Une guérilla de basse intensité met aux prises indépendantistes Kurdes et armée turque.
Les Kurdes de Syrie et d'Irak ont profité des conflits en cours au Moyen-Orient pour prendre une large autonomie. Après l'agression des forces turques en octobre 2019, les Kurdes Syriens ont dû laisser une bande de 30 km de large sous le contrôle d'Ankara et ont été contraints d'appeler à l'aide l'armée du régime de Damas. En Irak les Kurdes ont dû, sous la pression de Bagdad, renoncer à proclamer leur indépendance totale, malgré un referendum où 65% du corps électoral des régions alors contrôlées par Erbil se soit prononcé en ce sens.

Le recul de l'Empire Ottoman dans les Balkans

Les musulmans des Balkans, le plus souvent des Autochtones convertis, ont payé un lourd tribut à mesure que l'Empire Ottoman reculait. En 1709, les Monténégrins ont massacré leurs compatriotes « Turcs » afin de « purifier » leur pays. En 1806, lors du soulèvement de la Serbie, la population musulmane de Belgrade a été exterminée. Quand ce pays a obtenu son autonomie en 1815 les « Turcs » encore en vie furent contraints pour beaucoup de s'expatrier. Des tueries ont marqué chaque accroissement du territoire de la Serbie entre 1833 et 1878.

La guerre d'indépendance de la Grèce en 1821 a été accompagnée par de nombreux massacres commis par les deux belligérants. Des exactions sanglantes se sont produites en Bulgarie en 1876 et pendant les guerres Balkaniques qui se sont déroulées entre 1912 et 1913 ; celles-ci ont d'abord opposé la Turquie à la Serbie, au Monténégro, à la Grèce et à la Bulgarie avant que cette dernière n'affronte ses anciens alliés. L'Empire Ottoman qui d'une certaine façon est le symbole de l'État multicommunautaire a, tout au long de son histoire, été secoué par des pogroms anti-chrétiens ou anti-juifs et s'est effondré dans le sang.

Par le traité de Sèvres (1920), la région de Smyrne qui abritait une forte minorité hellène, a été attribuée à la Grèce. Mais celle-ci voulant agrandir son pré carré s'est lancée dans une guerre aventureuse qu'elle a perdue. Le traité de Lausanne (1923) a prévu « l'échange » d'un million et demi de Grecs et d'Arméniens habitant l'Anatolie et la Trace orientale contre 500 000 musulmans macédoniens, épirotes et crétois, réglant définitivement les problèmes de cohabitation et d'affrontements communautaires dans la péninsule hellénique qui avaient jalonné tout le dix-neuvième siècle et le début du vingtième. Pour permettre le maintien du patriarcat de Constantinople à Istanbul, une petite communauté musulmane est restée en Thrace grecque et représente en 2007 le tiers de la population de cette région (150 000 personnes). En 1955, après un attentat visant le consulat turc à Salonique et organisé par les services secrets turcs, des pogroms ont secoué l'ancienne Byzance. Des émeutiers venus des campagnes et amenés par des camions de l'armée ont pris d'assaut le quartier grec de Constantinople. Les exactions, les incendies et les bastonnades ont fait 12 morts. Les Juifs et les Arméniens ont été également persécutés. La communauté grecque d'Istanbul a pris peur et s'est exilée ; elle est passée de 135 000 personnes avant 1955 à 7000 en 1978.

Chypre

Chypre a d'abord été Phénicienne, Égyptienne et Grecque avant de devenir Romaine, Byzantine, Arabe et à nouveau Grecque. Conquise, en 1191, par le roi d'Angleterre, Richard Cœur de lion, elle est devenue un royaume « franc » qui s'est peu à peu italianisé. Tombée dans l'escarcelle de Venise en 1472, elle a été conquise par les Turcs en 1570. Occupée par la Grande Bretagne en 1878, sa marche vers l'indépendance a été contrariée par la division ethnique entre les populations orthodoxes grecques (82 %) et musulmanes turques (18 %). Les premiers exigeaient l'*Énosis,* c'est-à-dire la réunion avec la Grèce tandis que les seconds préféraient que leur île reste une colonie britannique. En 1955, un referendum boudé par les musulmans a donné une large majorité aux partisans de l'*Énosis*, mais devant les violences intercommunautaires, Londres a préféré accorder son indépendance à Chypre. Les troubles ont persisté amenant l'intervention de l'Onu et l'envoi de casques bleus en 1964 ; en juillet 1974 un coup d'état perpétré par des extrémistes grecs a renversé le gouvernement chypriote. Les Turcs sont intervenus et se sont emparés du tiers Nord-Est de l'île, obligeant les habitants grecs de cette zone à s'exiler dans le Sud. Depuis cette séparation de force, le calme est revenu. La partie sud est économiquement prospère (malgré une crise bancaire en 2008) et a rejoint l'Union Européenne. La partie nord rencontre plus de difficultés, malgré une aide turque massive. Renforcés par l'installation de 93 000 colons musulmans, les Turcs représentent désormais 22 % de la population de Chypre. La solution de la séparation a été dans ce cas la meilleure et a permis à chacune des communautés de s'épanouir. Le seul reproche que l'on peut lui faire est l'étendue trop importante de la zone turque : elle couvre le tiers de l'île pour moins d'un quart de la population. Il suffirait de la réduire pour que la solution à ce problème qui a duré plus d'un siècle soit équitable. L'existence potentielle de gisements de gaz au large de l'île a entraîné une poussée de fièvre, aucun accord n'a été signé tandis que les deux gouvernements rivaux ont accordé des permis de forages dans les mêmes zones. Quelques incidents navals mettant aux prises des frégates turques et européennes se sont produits.

La péninsule Arabique

L'Arabie saoudite possède deux minorités chiites, l'une est duodécimaine, comme le courant dominant en Iran, l'autre se rattache au Zaïdisme, comme au Yémen voisin. Les Chiites sont victimes de discriminations et l'un de leurs leaders a été condamné en 2012 à être décapité puis crucifié sans qu'il n'ait commis, semble-t-il, le moindre crime. 38 % de la population de l'Arabie Saoudite est étrangère. Pour assurer du travail à ses nationaux Riyad a procédé régulièrement à des expulsions massives de travailleurs immigrés : 800 000 Yéménites en 1990-1991 500 000 clandestins Yéménites, Éthiopiens et Somaliens en 2013.

Le Bahreïn dont le souverain est sunnite persécute les Chiites qui sont pourtant largement majoritaires dans l'archipel. Le gouvernement va jusqu'à retirer la nationalité Bahreïnie à certains de ses opposants.

Les populations des États arabes Unis (EAU) et du Qatar sont constituées à 90 % d'étrangers dont beaucoup sont chrétiens. Si, contrairement à l'Arabie Saoudite, les fidèles du Christ sont libres de pratiquer leur culte, si de nombreuses églises ont été construites, des restrictions religieuses existent : le prosélytisme est interdit et la discrétion pour annoncer les offices est de mise.

Entre 60 % et 75 % des Yéménites sont sunnites tandis que les Chiites zaydistes représentent entre 40 % et 25 % de la population. Les Chiites se concentrent surtout dans l'ancien Yémen du Nord qui a été longtemps dirigé par un imam zaydite. La terrible guerre qui ravage ce pays depuis juillet 2011 est d'origine religieuse et oppose les 2 courants principaux de l'Islam : l'Arabie Saoudite et les Émirats Arabes Unis soutiennent le Président Yéménite sunnite tandis que l'Iran appuie les rebelles Houthis qui sont zaydistes.

Les Omanais pratiquent en majorité l'Ibadisme qui est issu du Kharidjisme le troisième courant de l'Islam avec le sunnisme et le chiisme. Le souverain est Ibadite. Une minorité originaire du sous-continent indien pratique en toute quiétude l'hindouisme. Le Dfohar, la partie la plus orientale du pays, est habitée par les Jabalis qui sont d'origine et de langues sud-arabiques. Ils différent des autres Omanais. Entre 1967 et 1970, cette région a essayé de conquérir son indépendance avec l'aide de l'Égypte, du Yémen et des pays marxistes, mais l'intervention des Iraniens et des Britanniques a mis fin à cette rébellion. Une politique généreuse d'amnistie a permis une réconciliation nationale.

L'Union Soviétique

L'Union des Républiques Socialistes Soviétiques était un agglomérat disparate de nations dont le seul point commun était d'avoir été conquises par les tsars de Russie. Après 1920, les Soviétiques ont mis un point d'honneur à récupérer tous les territoires placés sous la juridiction de Nicolas II. En 1945, ils avaient rempli leurs objectifs si on excepte la Pologne et la Finlande. Cette dernière, ancien Grand-Duché autonome dont le chef de l'état était le Tsar a perdu la guerre d'hiver de 1939 à 1940 et celle de continuation entre 1941 et 1944 et a dû céder 10% de son territoire à l'URSS ; elle a été jusqu'à 1991 un état neutre, ouvert aux influences soviétiques. La Pologne quant à elle est devenue en 1945 une république populaire et a dû céder 40% de son territoire à l'Ukraine tout en s'étendant à l'Ouest au détriment de l'Allemagne.

Après le Putsch manqué de 1991, l'URSS a été remplacée par une structure plus souple et non contraignante la communauté des états indépendants (CEI). Celle-ci s'est vite révélée être une coquille vide : dans les faits, chacun des participants a pris son indépendance et a été admise à l'ONU. Personne ne s'est levé pour défendre l'URSS. Il n'y avait donc aucun sentiment national ou presque. Néanmoins, la Russie qui contient en son sein une quarantaine de républiques et de territoires autonomes a réussi néanmoins à préserver son intégrité et est une URSS en miniature. Cependant des pouvoirs locaux forts possèdent une indépendance de facto. C'est le cas du Tatarstan et de la Tchétchénie. Cette dernière république « autonome » a connu deux guerres sauvages et meurtrières où les indépendantistes ont été en principe vaincus, mais où le potentat local islamique s'est servi des Russes pour imposer son joug brutal.

Les pays Baltes et leurs minorités russes.

En 1920, les Russes représentaient 7,8 % de la population en Lettonie, 4 % en Estonie et 2 % en Lituanie. En 1989, ils étaient 37 % en Lettonie, 30,3 % en Estonie et 9,4 % en Lituanie. Depuis, leur nombre n'a cessé de se réduire, mais ils restent majoritaires en Latgale, à Riga, à Narva et dans des régions frontalières avec la Russie. Pour affirmer leur identité, les pays Baltes sont durs envers les russophones. Une partie de ces derniers n'ont pas reçu la nationalité de leur pays de résidence. En Lettonie 15 % de la population est constituée de non-citoyens. En Estonie 70 000 d'entre eux ont réussi les tests de culture estonienne et ont pu prendre la nationalité de ce pays, 100 000 ont préféré rester russes et 170 000 n'ont entrepris aucune démarche et sont apatrides. Un parti regroupant les russophones a fortement progressé aux dernières législatives estoniennes. À noter que la Lituanie, l'Estonie, la Lituanie possèdent de petites minorités tatares (de 0,13 % à 0,2 %) Les Tatars qui habitent la Lituanie descendent de guerriers du khanat de Crimée qui au XVIe siècle optèrent pour la République des deux Nations (la Pologne-Lituanie). Ceux des deux autres états Baltes ont pour ancêtres des Turcs faits prisonniers en 1856 lors de la guerre de Crimée. Ils se sont mariés avec des femmes lettones ou estoniennes, mais ont imposé leur religion à leurs enfants.

Les guerres sécessionnistes dans l'ex-URSS.

La Crimée s'est séparée de l'Ukraine en 2014 pour s'unir à la Russie. L'est de l'Ukraine, peuplé de russophones s'est soulevé la même année et deux républiques séparatistes celle de Donetsk et de celle de Lougansk, ont vu le jour. Ce conflit a fait des dizaines de milliers de victimes et près de 1 400 000 déplacés. De fragiles accords de cessez-le-feu ont été signés en 2015 à Minsk. Les russophones du Donbass sont déterminés à défendre leur indépendance, tandis que ceux qui sont restés en Ukraine semblent se rapprocher de leurs compatriotes Ukrainiens. Certes la Russie a joué un rôle déstabilisateur dans cette crise, mais on retrouve un schéma habituel tout au long de l'histoire humaine : une région habitée par une population qui ne pratique pas la même langue ou la même religion que le reste d'un pays a toujours tendance à vouloir faire sécession.

La Moldavie dont la majorité des habitants parlent une langue proche du roumain a dû, juste après son indépendance en 1991, concéder l'autonomie à deux des ethnies qui habitent sur son territoire. Les Gagaouzes, sont des Turcs, convertis à l'orthodoxie, installés en 1812 en Bessarabie (ancien nom de la Moldavie) à la suite d'un échange de populations. Après négociations, ils ont obtenu en 1994 leur autonomie vis-à-vis de la Moldavie. La Transnitrie, région russophone de la Moldavie a arraché avec l'aide de l'armée Russe une indépendance de facto sous le nom de République Moldave du Dniestr.

Peu après son indépendance, en 1991, l'Arménie a, à l'issue d'un conflit violent qui a duré de 1992 à 1994, occupé le territoire du Haut Karabagh peuplé d'Arméniens et qui dépendait depuis 1920 de

l'Azerbaïdjan. Après un armistice, signé en 1994 et qui n'a été suivi d'aucun accord de paix, le Haut Karabagh a proclamé son indépendance sous le nom de république d'Artsakh ; pour assurer la continuité territoriale avec cet état frère, les Arméniens occupent le corridor de Latchin bien que ce territoire soit uniquement peuplé d'Azéris.
Chacun des deux camps a commis des atrocités et l'on compte 1 200 000 réfugiés (400 000 Arméniens et 800 000 Azéris alors que l'Arménie possède 3 millions d'habitants et l'Azerbaïdjan 10 millions). Ce conflit revêt une dimension ethnique et religieuse ; il est un nouvel épisode de la lutte multiséculaire des Turcs contre les Arméniens, commencée en 1050 du temps de l'Empire byzantin et marquée par le génocide Arménien de 1915.
L'enclave du Nakhitchevan qui dépend de l'Azerbaïdjan est séparée de celle-ci par l'Arménie, mais à l'inverse du Haut Karabach, elle a été rattachée à l'Azerbaïdjan en 1921, bien qu'elle comportât à l'époque près de 15 % d'Arméniens. Ces derniers ont peu à peu émigré et la région n'est désormais peuplée que d'Azéris. Le Nakhitchevan est resté à l'écart de la guerre du Haut Karabagh, sans doute parce qu'il est protégé par la Turquie depuis un traité signé en 1920. Il souffre néanmoins de son enclavement et de l'éloignement de son état de tutelle.
La Géorgie a connu trois sécessions après son indépendance : l'Ossétie du Sud, peuplé d'Alains chrétiens, mais de langue et de culture différentes des Georgiens, l'Abkhazie dont 16 % des habitants sont musulmans et l'Adjarie. Les autorités séparatistes de de l'Abkhazie sont soutenues par la Russie et les islamistes tchétchènes. En 2008, l'attaque par l'armée géorgienne de l'Ossétie du Sud s'est terminée en désastre du fait de

l'intervention des Russes. A contrario, une opération de police a permis à Tbilissi de reprendre sans effusion de sang le contrôle de l'Adjarie. Ces conflits ont fait de nombreux réfugiés. Les Abkhazes ne représentent que 29 % de la population de l'Abkhazie, contre 29 % de Géorgiens, 20 % Arméniens, 12 % de Russes, le reste étant constitué de Grecs et de Caucasiens. Les minorités sont sous-représentées au parlement mis en place par les séparatistes abkhazes. Cette région ne doit son indépendance qu'à l'appui russe et n'a pas de justification ethnique suffisante. En revanche, l'Ossétie du Sud se différencie nettement de la Géorgie, elle serait peuplée de près de 70 % d'Ossètes. Les deux républiques sécessionnistes souhaitent leur annexion par la Russie, mais celle-ci hésite et se contente pour l'instant de reconnaître leur indépendance.
Le Tadjikistan a connu de 1992 à 1997 une guerre civile entre partisans du gouvernement post communiste et les islamistes coalisés avec des démocrates. La guerre s'est éternisée sans réel vainqueur sur le terrain. Néanmoins après une médiation de l'ONU et de la Russie un accord de paix a permis au président Rahmon de se maintenir au pouvoir.

L'Afrique

L'OUA, l'organisation de l'unité africaine défend l'intangibilité des frontières issues de la colonisation, bien que celles-ci soient arbitraires : elles réunissent des peuples qui ne partagent ni la même langue ni la même culture et parfois n'ont pas la même religion, tandis qu'une même ethnie est souvent répartie entre deux états. La seule sécession qui a été acceptée par l'OUA (organisation de l'unité africaine) est celle du Soudan du Sud chrétien qui

après deux longues guerres a obtenu sa séparation d'avec le Soudan en majorité musulmane. Mais le nouvel état a été aussitôt la proie d'une guerre civile ponctuée de réconciliations éphémères et il est actuellement divisé en deux entités à bases tribales. Au Soudan un violent conflit ethnique au Darfour a éclaté sur fond de racisme anti-noirs. Ancienne colonie italienne, l'Érythrée avait été annexée en 1951 par l'Éthiopie contre le gré de sa population ; elle a arraché son indépendance en 1993 après une guerre de 30 ans.
Les pays africains connaissent tous des tensions communautaires et les affrontements internes sont nombreux. Quand un état est dirigé par un dictateur, celui-ci s'appuie sur son ethnie. Quand son régime politique est démocratique ou semi-démocratique, les votes sont le plus souvent à base tribale, les programmes étant moins importants que l'origine ethnique.
Les mouvements séparatistes sont très nombreux en Afrique : le Sahara occidental était une colonie de l'Espagne jusqu'en 1975 ; à cette date il a été annexé par le Maroc alors qu'une partie des habitants réclamaient l'auto-détermination. Un referendum est prévu, mais il est sans cesse remis, car le corps électoral est difficile à établir du fait de l'installation de « colons » marocains qui sont désormais plus nombreux que les Indigènes. Des mouvements Touaregs berbérophones, souvent nomades, revendiquent l'indépendance du Nord du Mali et s'opposent aux populations noires et sédentaires du Sud. La Casamance qui compte 17 % de chrétiens contre moins de 6% dans le reste du Sénégal, a connu une guérilla de faible intensité entre 1980 à 2005, année où un cessez-le feu a été signé. Depuis 2009 des affrontements sporadiques ont repris.

L'Éthiopie est la proie de nombreuses tensions séparatistes et connaît de nombreux heurts ethniques souvent sanglants. Présent à la conférence de Berlin de 1885 où l'Afrique a été partagée entre les puissances coloniales, l'ancien empire du Négus résulte de la conquête de nombreuses provinces tant coptes que musulmanes par l'ethnie Amhara à la fin du XIX ième siècle. Les Amharas ont été chassé du pouvoir en 1991 par les tigréens ; ils nourrissent depuis une aversion proche du racisme envers les autres peuples éthiopiens. L'Ogaden région habitée par des Somalis musulmans, s'est révoltée en 1977 avec l'aide des forces de Mogadiscio, mais la Guerre de l'Ogaden s'est terminée en mars 1978 par une victoire totale de l'Éthiopie. La guérilla somalie a pris fin en 1991.

La guerre civile somalienne dure depuis plus de 30 ans. Les islamiques ont un temps gouverné ce pays pauvre et en partie aride, mais ils ont été chassés du pouvoir par l'armée éthiopienne. Celle-ci s'est retirée laissant la place à des forces d'interposition africaines qui mènent depuis une guerre difficile contre les intégristes. Chassés des villes, les Islamistes contrôlent toujours les zones rurales du centre du pays. La Somalie connaît en outre de nombreuses tentations séparatives et plusieurs de ses régions ont organisé des gouvernements locaux et acquis une indépendance de fait. Le Somaliland, (l'ancienne Somalie britannique) ainsi que la région voisine du Punland, sont les plus avancés dans cette voie.

L'Ambazonie est la partie sud du Cameroun britannique qui a demandé en 1960 par referendum à s'unir avec le Cameroun Français, tandis que la partie nord à majorité musulmane rejoignait le Nigéria. Le Cameroun a d'abord adopté une constitution fédérale, mais est devenu en 1972

un état unitaire. L'Ambazonie a proclamé symboliquement son indépendance en 2017 et les incidents armés se multiplient depuis cette date. La partition ici est motivée par la langue vernaculaire, l'Anglais par rapport au Français.
Le Togoland est la partie de l'ancien Togo allemand qui avait été attribuée à l'Angleterre en 1919. Elle a rejoint le Ghana en 1956, à la suite d'un referendum contesté et revendique en 2019 son indépendance.
L'Angola a connu après son indépendance une guerre civile qui a duré 27 ans. Les deux partis principaux qui s'affrontaient, le MPLA et l'UNITA, étaient à base tribale. L'enclave de Cabinda dépend de l'Angola, mais elle est séparée de celle-ci par la République démocratique du Congo. Protectorat du Portugal depuis 1889, l'enclave a été réunie administrativement à l'Angola en 1956, alors qu'elle n'avait jusqu'alors rien en commun avec cette colonie. Après le retrait des Lusitaniens en 1975, l'Angola a annexé Cabinda contre le gré de ses habitants. Une guérilla endémique sévit depuis dans ce pays. Le sous-sol de l'enclave riche en hydrocarbures, exacerbe le désir d'indépendance de sa population ; elle voudrait mieux profiter des retombées économiques de la manne pétrolière.
La vaste République démocratique du Congo (ancien Congo Belge) a connu un grand nombre de guerres civiles sanglantes depuis son indépendance en 1960. Celles-ci étaient le plus souvent des conflits à caractère ethniques et tribaux, malgré le vernis idéologique qu'on efforçait de plaquer sur eux. La RDC a surmonté les tentatives sécessionnistes du Kasaï et du Katanga, riches provinces minières.

Sa voisine la République du Congo (ancien Congo Français) a connu en 1997 une effroyable guerre civile qui reprenait des clivages tribaux et a fait entre 400 000 et 800 000 morts (entre 7 % et 14 % de la population).

Le Biafra qui a été indépendant du Nigéria entre 1967 à 1970 a été vaincu à l'issue d'une guerre féroce. Il revendique toujours le droit à la sécession. Celle-ci est comme la grande majorité des conflits africains, motivée par des raisons ethniques (le Biafra est peuplé principalement d'Ibos) et religieuses (ses habitants sont chrétiens contrairement à ceux du nord du Nigéria). En outre, les revenus du pétrole abondant dans le delta du Niger sont répartis au niveau fédéral au détriment des Biafrais, ce qui exacerbe leur désir de sécession.

Le Libéria a été fondé par des esclaves Noirs Américains libérés qui avaient été rapatriés en Afrique. Ils ont créé des plantations et introduit le mode de vie importé des USA en exploitant les Autochtones ; ils ont dominé la vie politique du pays jusqu'en 1980, malgré leur faible nombre. À cette date Samuel Doe, un Indigène a pris le pouvoir en s'appuyant sur son ethnie pour gouverner. Une insurrection des tribus écartées du pouvoir a éclaté peu après sous la direction de Charles Taylor. De nombreuses atrocités ont été commises par les deux camps. L'OUA a envoyé des troupes qui ont été amenées à affronter les rebelles. Les combats ont duré jusqu'en 1997 entrecoupés de 14 cessez-le-feu. La trêve signée en 1995 a fini par tenir et en 1997 Charles Taylor a été élu président du Libéria avec 75 % des voix avant d'être poussé en 2003 à l'exil au Nigéria par les pressions des pays limitrophes. Il a été par la suite jugé et condamné à 50 ans de prison par un tribunal international pour des crimes commis en Serria Léone.

Cette ancienne colonie Britannique a été en effet ravagée par une guerre civile qui a duré du 23 mars 1991 au 18 janvier 2002. Le RUF, soutenu par Charles Taylor, s'est opposé d'abord aux dictateurs Valentine Strasser et Julius Bio puis au Président démocratiquement élu Ahmad Tejan Kabbah. Ce dernier a été renversé en 1997 par un coup d'état qui a ouvert les portes du pouvoir au RUF. Les rebelles ont été chassés de la capitale, Freetown, par l'ECOMOG une force militaire constituée par les pays africains voisins. Les insurgés ont repris en janvier 1999 Freetown pendant trois semaines mettant la ville à sac et tuant 6000 civils. À nouveau expulsés de la capitale ils se sont repliés dans le nord où ils ont perpétré de nombreuses atrocités. La situation s'est normalisée lentement après l'intervention de commandos britanniques et Français et la signature de 2 cessez-le-feu partageant le pouvoir. La crise s'est terminée officiellement en 2002 avec le désarmement de 47 000 rebelles. Le conflit a fait 200 000 morts et 2 millions de déplacés sur une population totale de 6 millions. Les rebelles ont utilisé des enfants soldats et ont mutilé sans raison de nombreux civils. Le contrôle de la production diamantaire était le principal objectif des factions qui s'affrontaient et la firme De Beers a été accusée d'avoir fait perdurer le conflit en acquérant auprès des rebelles des pierres précieuses de contrebande.

La Centrafrique au sous-sol riche en minerais est catholique à 80,3 % musulmane à 10,1 % et animiste à 9,6 %. Elle est en proie à une guerre civile à coloration religieuse. Entre 2004 et 2007 l'union des forces démocratiques pour le changement (UFDR) dirigé par le musulman Michel Djotodia s'est heurté au gouvernement du Président Bozizé appuyé par la France. Des accords de

paix instaurant un gouvernement d'union nationale ont été signés en 2007, mais la guerre a repris en 2012. Les rebelles de la milice Seleka à coloration musulmane se sont emparées du palais Présidentiel et de Notre-Dame de Bangui ; ils ont installé au pouvoir Michel Djotodia en mars 2013. Ce dernier a été incapable de rétablir l'ordre et une guerre religieuse atroce a éclaté entre la Seleka et les milices d'auto-défense anti-Balakas catholiques ou animistes. Les combats ont été marqués par une série d'exactions attribuées aux deux camps et ont fait 3 000 morts et un million de déplacés. Devant le risque de génocide, la France est intervenue sous l'égide de l'ONU pour rétablir la paix, le Président Djotodia a démissionné sous la pression de ses pairs africains. De fragiles accords de paix ont été signés en août 2014, aussitôt rejetés par une fraction de la Seleka qui a continué le combat en demandant une partition de la Centrafrique. Deux autres accords partiels ont suivi. La France a retiré ses forces en octobre 2016, mais des casques bleus de l'ONU sont toujours présents en Centrafrique. Ce pays est en pleine anarchie et 80 % de son territoire est contrôlé par 14 milices différentes, dont 3 sont musulmanes.
En dehors de la Centrafrique et de la Somalie de nombreux pays africains connaissent de violentes insurrections islamiques souvent reliées à Daesh ou à Al-Quaida. C'est le cas du Nigéria avec Boko Haram (c'est-à-dire l'éducation occidentale est un péché) du Cameroun, du Tchad, du Mali, du Burkina Faso, du Bénin, du Kenya, du Nord du Mozambique où ont eu lieu de nombreux massacres de chrétiens, de l'Ouganda et de La RDC.

Le Burundi et le Ruanda ont été attribués à l'Empire allemand à la conférence de Berlin en 1885 et son occupation a été effective en 1890. Après la Première Guerre mondiale, les deux colonies ont été confiées à la Belgique.

L'origine des Tutsis et des Hutus, les deux « ethnies » qui cohabitent au Burundi et au Rwanda est controversée, car les deux communautés parlent la même langue le kinyarwanda, ont les mêmes coutumes, se marient de la même façon et avaient la même foi envers un Dieu unique *Imana* avant d'être convertis au christianisme. Leur société était organisée suivant un système apparenté à la féodalité. Pour certains ethnologues Hutus et Tutsis appartiennent à un même peuple divisé en clans, dont les uns pratiquent l'agriculture et les autres l'élevage, ces derniers possédant avant la colonisation l'essentiel du pouvoir politique. Pour d'autres historiens, les premiers occupants, les Pygmées, ont été submergés au IXe siècle par des Bantous agriculteurs, rejoints au XVe siècle, par des pasteurs nilotiques venus de l'Afrique du Nord Est, mais cette deuxième hypothèse a perdu du terrain ; elle était cependant en vogue chez les ethnologues et les colonisateurs allemands et belges. Ceux-ci en effet décrivaient les clans dominants (nobles) Tutsi comme plus grands, de peau plus claire, plus semblables aux Européens, ce qui les rendrait plus aptes à diriger (illusion profondément raciste !)

Les différences entre nobles (Tutsis) et roturiers (Hutus) ont été exacerbées par la colonisation. L'accès aux avantages, à l'enseignement et aux postes administratifs a été réservé par les Belges aux Tutsis, provoquant la rancœur des Hutus. L'indépendance du Ruanda a été proclamée en 1962 sous l'égide d'un Président Hutu, mais en 1963 après des attaques d'exilés Tutsi, un millier de membres de cette caste ont été massacrés par les Hutus.

Entre 1963 et 1990 les Tutsis ont été chassés de l'enseignement et persécutés ; beaucoup se sont exilés en Ouganda. À partir de 1990, la guérilla Tutsie a pris de l'importance obligeant la France à intervenir.
En 1994, la mort des Présidents du Burundi et du Ruanda ainsi que de plusieurs hauts cadres militaires lors de l'attaque de l'avion présidentiel ruandais a donné le signal d'un génocide Tutsi au Ruanda qui a fait plus de 800 000 victimes. Cet attentat, si on en croit l'enquête menée par des juges d'instruction français et espagnols, aurait été organisé par Paul Kagamé le Président actuel du Ruanda. Peu de temps après la fin du massacre, les Tutsis ruandais réunis dans le Front Patriotique se sont emparés du pouvoir provoquant l'exode en RDC d'un million d'Hutus (sur une population totale de 12 millions). Les Hutus ont été à leur tour victimes d'un génocide lorsque l'ancien Congo Belge a été envahi par l'Ouganda et le Ruanda qui cherchaient à piller leur voisin. Depuis 1994, une politique de réconciliation basée sur le dépassement des clivages ethniques a été mise en place au Ruanda sous l'égide d'un gouvernement autoritaire. Le pays semble bien géré, il commence à décoller économiquement et la paix est revenue.
Le Burundi a connu après l'indépendance en 1962 une monarchie Tutsie qui a été renversée en 1966. Dans les années 1960, alors que les Tutsis ne représentaient que 15 % de la population, 13 gouverneurs sur 15 appartenaient à cette caste ainsi que la totalité de l'armée. Une insurrection hutue en 1972 a fait 100 000 victimes hutues contre un millier de Tutsis. En 1993, une guerre civile a éclaté entre les deux « ethnies » causant la mort de 50 000 à 100 000 Hutus et de plusieurs milliers de Tutsis.

Un accord a été signé en 2001, pour mettre fin aux hostilités. La Présidence devait revenir alternativement aux Hutus et aux Tutsis tous les 18 mois. En 2005, la constitution a changé à nouveau et Pierre Nkurunziza, un Hutu a été élu Président par les deux chambres à l'issue d'un scrutin démocratique, avant d'être réélu en 2010 et en 2015. Les tensions restent vives entre les communautés.

La Côte d'Ivoire a procédé à des expulsions en 1958 (elle était encore sous la tutelle de la France) et en 1995. Actuellement, elle compte 22 % d'immigrés et les tensions ethniques sont vives. La nationalité ivoirienne que détiennent nombre de natifs du Burkina est souvent remise en question. Ce rejet des habitants de l'ancienne Haute-Volta se double d'un conflit religieux entre le Sud musulman et le nord catholique et est l'une des causes de la guerre civile qui a sévi en Côte d'Ivoire entre 2002 et 2007 et entre 2010 et 2011.

En 1969, le Ghana a expulsé des centaines de milliers de Nigérians pour se venger de leur gouvernement. La Zambie a elle aussi renvoyé des immigrés en 1971.
En 1972, le dictateur ougandais Amin Dada a ordonné l'expulsion des 80 000 Asiatiques de son pays y compris ceux qui avaient la nationalité ougandaise. Il s'agissait principalement d'Indo-Pakistanais qui s'étaient installés pendant la colonisation britannique et étaient accusés de dominer l'économie nationale au détriment des Autochtones. Pour finir, seulement 50 000 d'entre eux sont partis, ceux qui restaient étant déportés dans les campagnes. Cette épuration ethnique ressemble à celle qui a souvent frappé les Juifs pendant tout le Moyen âge : une

minorité ethnique active économiquement, supposée riche et qui suscite l'envie est du jour au lendemain expulsée de son pays d'accueil en laissant derrière elle tous ses biens.

Le riche Gabon a chassé hors de ses frontières 10 000 Béninois en 1978 pour des raisons politiques.

Le Nigéria a brutalement expulsé en janvier 1983, entre un et deux millions d'immigrants sans papiers souvent Ghanéens ou Togolais en ne leur donnant que quinze jours pour s'exiler. En 1985, le Nigéria a souhaité procéder à 700 000 nouvelles expulsions, mais il n'y a eu pour finir que 200 000 départs. Les migrants avaient été attirés au Nigéria par le relatif boom économique consécutif à l'ouverture de nouveaux champs pétrolifères. Mais le prix du brut ayant baissé en 1983, ces immigrés s'étaient retrouvés sans emploi.

L'Afrique du Sud, dont nous avons déjà parlé a été la proie au second semestre 2019 à des troubles xénophobes et racistes. Les immigrés des pays Africains voisins ont été pourchassés et lynchés.

La Lybie, l'Algérie, et dans une moindre mesure le Maroc et la Tunisie procèdent par moments à de brutales expulsions d'immigrants africains qui transitent par l'Afrique du Nord dans l'espoir de passer en Europe

L'insurrection musulmane aux Philippines

Quand les Espagnols ont conquis au seizième siècle les Philippines, cet archipel était sur le point de connaître le même sort que l'Indonésie ou la Malaisie et de se convertir tout entier à l'islam. Sa colonisation par un souverain catholique a arrêté nette cette évolution et actuellement 92,6 % des Philippins sont chrétiens. Néanmoins, le sultanat de Sulu, situé dans le sud de l'archipel, n'a été annexé par les Espagnols qu'entre 1878 et 1899 après une occupation éphémère au seizième siècle. La population de cette région est restée musulmane. Depuis 1969, le sud de l'île de Mindanao est en proie à une insurrection indépendantiste que l'armée philippine n'est toujours pas parvenue à briser malgré trois décennies de combats. Plusieurs accords de paix ont été signés (en 1975, en 1986, en 1997, en 2014) et une zone autonome dans l'île de Mindanao a été créée, mais la guérilla islamique n'a pas été éradiquée et une partie des insurgés fait désormais allégeance à l'État Islamique.

L'insurrection musulmane en Thaïlande

L'ancien Siam qui est un des rares états d'Asie avec le Japon à n'avoir jamais été colonisé même partiellement, a annexé en 1909 trois sultanats malais avec l'accord des Anglais. Cette région pauvre et rurale regroupe l'essentiel des musulmans thaïlandais. Leur langue est le Malais. Depuis 1960, cette province a subi une politique d'assimilation forcée de la part de Bangkok, ce qui a provoqué une insurrection armée actuellement sporadique.

Les minorités d'Iran

Les Zoroastriens, les Chrétiens et les Juifs sont reconnus comme minorités religieuses et l'exercice de leur culte est autorisé tout en étant réglementé. Le *Majlis*, la chambre des députés iranienne, comprend sur un total de 290 membres un représentant des Guèbres, un des Juifs, un des chrétiens assyriens (chaldéens) et deux des chrétiens Arméniens. Des Juifs sont régulièrement accusés d'espionnage en faveur d'Israël sans que les faits ne soient toujours prouvés. La charia qui fait des non musulmans des sous citoyens est appliquée en Iran.

La situation des Arabes sunnites d'Iran (9 % de la population) se dégrade progressivement depuis 1999. Ils habitent principalement dans le Baloutchistan Iranien (près de la frontière pakistanaise), dans le Khorassan (près de la frontière Irakienne), en Azerbaïdjan et dans le Kurdistan iranien ; ces deux dernières provinces ont essayé en 1920 et en 1946 de faire sécession en s'appuyant sur les Soviétiques.

En 2005 un conseiller ministériel a préconisé de déplacer la minorité sunnite du Khorassan pour mieux l'assimiler et de remplacer les noms de rues arabes par des patronymes persans. Ses propos incendiaires ont provoqué des émeutes et des attentats. L'agitation a été violemment réprimée par les autorités iraniennes qui ont procédé à des arrestations massives. Les sunnites sont depuis cette date victimes de persécutions et des extrémistes commettent en représailles de nombreux attentats dont le dernier en date a tué 24 personnes pendant une commémoration militaire en juillet 2018.

Les 300 000 Bahaïs subissent également des tracasseries administratives et judiciaires. Adeptes d'une nouvelle religion née au XIXe siècle en Perse, ils sont considérés comme des apostats de l'islam par les dirigeants de la République Islamique. Du temps du Chah, ils formaient une communauté florissante ; après la révolution de 1979, ils sont devenus des parias et beaucoup d'entre eux ont émigré. Les autres pays musulmans persécutent également les Bahaïs.

L'Afghanistan

0,3% des Afghans sont Chrétiens, Hindous ou Bouddhistes, contre 0,9% avant la prise du pouvoir par les Talibans. Les Hazaras qui représentent 9% des Afghans pratiquent le chiisme duodécimain (celui de l'Iran voisin). Probablement d'origine mongole, ils ont longtemps été discriminés et réduits en esclavage par les sunnites. Ils n'ont eu accès à l'école et aux postes de fonctionnaires qu'à partir de la décennie 1940-1950. Et il a fallu attendre 1970 et le gouvernement procommuniste de Daoud pour qu'un Hazara devienne ministre. Sous les Talibans, les Hazaras ont été à nouveau persécutés pour leur foi, car les Sunnites les plus extrémistes considèrent les Chiites comme des apostats.

Le Pakistan

L'Ahmadisme est une dissidence de l'Islam fondée à la fin du dix-neuvième siècle en Inde. Cette secte fait jouer à Jésus un rôle central et affirme que le Christ n'était pas mort lorsqu'il a été descendu de la croix, mais qu'il était dans le coma. Soigné, il serait parti pour l'Inde où il serait mort dans le Cachemire à l'âge de 120 ans. Sa tombe présumée à Srinagar fit l'objet d'un pèlerinage. Les Ahmadis seraient 10 millions au Pakistan sur une population totale de 200 millions, mais ces chiffres sont controversés. Considérés comme des apostats de l'Islam, ils sont victimes de persécution administratives. En effet pour obtenir un passeport, un Pakistanais doit certifier ne pas être ahmadi. Les tenants de cette religion n'ont pas le droit d'aller en pèlerinage à la Mecque et sont souvent accusés de blasphème, de violation des lois anti-ahmadis ou d'autres crimes. Ce mépris se transpose en Angleterre,

où un argument (raciste !) brandi pour contrer un candidat ahmadi auprès des électeurs d'origine pakistanaise est son appartenance à cette secte en dehors de toute autre considération.
Les Chrétiens et les Hindous (3,6 % de la population du Pakistan) sont également persécutés : Asia Bibi, a été iniquement condamnée à mort pour blasphème : elle avait affirmé que Mahomet n'aurait jamais permis que l'eau d'un puits ne soit réservée qu'aux musulmans. Malheureusement, cette affaire qui a trouvé un épilogue heureux n'est pas isolée et d'autres cas moins médiatisés se produisent régulièrement.
Le front de libération du Baloutchistan, une région frontalière de l'Afghanistan, commet de temps à autre des actions armées, parfois meurtrières.

L'Inde

L'Inde est une gigantesque fédération regroupant des peuples dont le seul lien entre eux est, en dehors de la géographie d'avoir été soumis par les Britanniques. Cet assemblage hétéroclite est soumis à de fortes tensions centrifuges, mais résiste depuis 1947 et semble solide en 2019. Les deux principaux foyers indépendantistes sont le Cachemire et le Punjab indien. Le Punjab est majoritairement habité par les adeptes du Sikhisme, une religion syncrétique qui comprend des éléments de l'Islam et de l'Hindouisme et qui est née au seizième siècle. Persécutés par les empereurs Mongols de l'Inde, les Sikhs se sont organisés militairement pour leur résister. La région qu'ils contrôlaient a été la dernière du sous-continent à être conquise par les Britanniques. À partir de 1970, le séparatisme sikh a émergé, favorisé par la réforme administrative de 1965 qui en détachant des régions périphériques du Punjab l'a transformé en état à prédominance sikh ; depuis cette date de nombreux Hindous se sont installés dans le Punjab provoquant des tensions ethniques. En 1984, un groupe armé s'est emparé du lieu le plus sacré de leur religion, le temple d'or d'Amritsar ; après des négociations infructueuses l'assaut a été donné faisant 83 morts dans les forces de l'ordre et 493 parmi les insurgés. La Première ministre de l'époque, Indira Gandhi a été assassinée en représailles en octobre 1984 par un extrémiste sikh. En réaction, des pogroms anti-sikhs ont eu lieu dans toute l'Inde faisant plus de 3 000 morts. Après dix ans de guerre civile, les indépendantistes ont été vaincus militairement tandis que l'opinion publique Punjabi lassée par la violence se détournait des séparatistes en portant au pouvoir des Sikhs pro-indiens.

L'autre grand foyer de tension est le Cachemire indien. Cet état princier était, du temps de la colonisation Britannique, dirigé par un Maharadjah hindou alors que la grande majorité de la population était musulmane. Le souverain a essayé, au départ des Anglais, de proclamer l'indépendance de son pays, mais.ne pouvant enrayer l'invasion pakistanaise, il a été contraint de demander l'assistance de l'Inde. Depuis la Guerre indo-pakistanaise de 1947, le Cachemire est partagé en deux. Une partie de la région demeurée dans le giron de l'Inde est à majorité musulmane et sa population préférerait rejoindre le Pakistan. Le referendum prévu par l'armistice de 1947 n'a jamais eu lieu, une guerre de basse intensité dure depuis 70 ans ponctuée par des attentats spectaculaires réalisés avec le soutien logistique du Pakistan et suivis de représailles indiennes. Ce conflit aurait fait entre 47 000 et 100 000 morts jusqu'en 2009. La région disposait d'un

statut spécial d'autonomie, mais le taux d'abstention très fort (plus de 90%) rendait illégitimes les autorités élues de cette province. En septembre 2019, la majorité nationaliste hindoue au pouvoir à New Dehli a suspendu la constitution du Cachemire. Le gouvernement Indien a envoyé 80 000 paramilitaires dans cette région et a interdit toute manifestation, tandis que le Pakistan se faisait menaçant. On redoute qu'une guerre n'éclate entre les deux puissances du sous-continent d'autant plus que le recours aux armes thermonucléaires ne serait pas exclu.
Depuis 1963, les états indiens du Meghalaya, du Tripura, d'Arunachal, du Pradesh, du Mizoram, du Manipur et du Nagaland connaissent de multiples insurrections armées. Certaines veulent expulser les migrants en provenance du Bangladesh et des autres parties de l'Inde, quelques-unes veulent défendre les intérêts spécifiques des tribus locales et le reste souhaite une plus grande autonomie, voire l'indépendance de ces régions. Après la courte accalmie qui a suivi la signature d'accords locaux en 2013, la guérilla est repartie de plus belle à la suite d'une attaque de l'armée indienne qui n'a pas respecté le traité qui venait d'être conclu.
Comme beaucoup de pays, l'Inde est victime d'attentats islamistes, mais il existe également des terroristes extrémistes hindous qui assassinent des musulmans pour les pousser à l'exil.

L'état d'Assam en Inde a connu en 2012 des heurts ethniques entre populations Bodo (hindoues) et bengalies (musulmanes) qui ont fait 70 morts et des milliers de déplacés. Des extrémistes musulmans peut-être appuyés par les services secrets pakistanais ont alors menacé de s'en prendre aux Assamais hindous vivant hors de leur état, provoquant un exode massif de ceux-ci vers leur province d'origine. De nombreux incidents racistes et meurtriers ont marqué cette migration. En 2014 les élections locales ont porté au pouvoir en Assam le parti nationaliste BJP dont le programme prévoyait principalement de lutter contre l'immigration clandestine bangladaise. Depuis, les 33 millions d'habitants de cet état ont été recensés et ont dû prouver qu'ils étaient, eux ou leurs ancêtres, présents sans discontinuer en Assam depuis 47 ans. 2 millions de résidents assamais n'ont pas réussi pour l'instant à justifier leur nationalité indienne ; ils pourraient faire appel, mais n'ont pas toujours les moyens de le faire, car ils sont pauvres et analphabètes. Ils sont menacés d'expulsion vers le Bangladesh qui refusera sans doute de les recevoir, les transformant en apatrides.

Le gouvernement indien veut étendre cette révision de nationalité au Bengale Orientale, qui connaît lui aussi une importante immigration bangladaise, mais le gouvernement local s'oppose à cette demande, car la mesure serait, selon lui, antimusulmane. L'immigration a été l'un des thèmes majeurs de la campagne électorale de 2019 pour le Parlement de New Delhi et un des candidats nationalistes a déclaré qu'*il fallait jeter à la mer tous les clandestins* !

En décembre 2019 une loi facilitant l'accès à la nationalité indienne aux réfugiés venus d'Afghanistan, du Pakistan ou du Bangladesh du moment qu'ils ne soient pas musulmans, a provoqué des émeutes qui ont fait plusieurs morts. La situation semble s'aggraver en février 2020 et des heurts entre Hindous et Musulmans ont fait de nombreux morts dans la capitale New Dehli.

Le Bangladesh

Le Bangladesh était en 1947 la partie orientale du Pakistan, mais les Bengalis se sont sentis rapidement maltraités par leurs compatriotes de l'Ouest : ils ne recevaient pas suffisamment d'investissements tandis que peu de postes à responsabilités dans l'armée ou dans l'administration leur étaient dévolus. Les élections législatives du Pakistan de 1971 se sont traduites par un raz-de-marée en faveur de la ligue Awami, un parti qui prônait l'indépendance du Bangladesh. Cette coalition a obtenu la majorité absolue au parlement d'Islamabad, mais elle a été dissoute aussitôt par les autorités pakistanaises. Le soulèvement bengali qui suivit fut facilement réprimé par l'armée pakistanaise, mais l'Inde est intervenue et a libéré la province orientale.

Les Hindous et les Chrétiens bangladais se sentent discriminés par la majorité musulmane et beaucoup d'entre eux se sont exilés en Inde. Ils constitueraient encore entre 9,2 % et 15 % de la population du Bangladesh

Les autochtones Jummas principalement bouddhistes sont également persécutés. Ils sont 850 000 et vivent dans les collines des Chittagong Hills. 40 % de leurs terres ont été expropriées au profit de colons bengalis. Une violente insurrection a éclaté après 1973, et certains commentateurs estiment que l'armée bangladaise a commis à cette occasion un véritable génocide. 100 000 Jummas se sont réfugiés en Assam. Des accords de paix signés en 1997 sont peu respectés. Les terres notamment ne sont pas rendues à leurs légitimes propriétaires et les tensions persistent dans la région.

300 000 Rohingyas musulmans venus de Birmanie sont réfugiés au Bangladesh. Dacca souhaiterait les rapatrier,

mais se heurte à la mauvaise volonté des autorités birmanes.

La Birmanie

Le sort des Rohingyas préoccupe l'opinion publique mondiale, alors qu'elle se désintéresse totalement du sort des Jummas bouddhistes évoqué ci-dessus. L'exode et les massacres perpétrés contre la minorité musulmane birmane illustrent tragiquement un conflit basé sur la religion et la langue. Les dirigeants birmans et les nationalistes bouddhistes les accusent d'être des Bengalis immigrés pendant la période coloniale et d'être des étrangers qu'ils souhaitent expulser, tandis que les Rohingyas se considèrent comme des Autochtones convertis à l'Islam. Il est difficile de trancher entre les deux thèses, mais la présence de Rohingyas semble ancienne, suffisante en tout cas pour leur donner le droit de rester dans leur pays natal ; or les Rohingyas ont été privés de leur nationalité birmane en 1982.
La Birmanie est une mosaïque de peuples dont les deux tiers seulement sont Birmans. Elle a été la proie de nombreuses insurrections ethniques qui se sont conclues par de fragiles cessez-le-feu. Elle est divisée en 7 régions peuplées de Birmans et en 7 états regroupant les principales ethnies non birmanes du pays.

Le Sri Lanka

La population du Sri Lanka est constituée à 69 % de Cingalais bouddhistes, à 6,2 % de Chrétiens principalement catholiques et à 7,4 % de Musulmans dont les ancêtres sont des Cingalais convertis par des marchands arabes avant le seizième siècle. Les Tamouls

sri-lankais représentent 9 % de la population et descendent des habitants du royaume de Jaffna ; ils sont hindouistes et affirment avoir toujours été présents dans l'île, mais les Cingalais prétendent être les premiers occupants : selon leurs anciennes chroniques, les Cingalais seraient arrivés vers -600 avant Jésus-Christ tandis que les Tamouls auraient migré au premier siècle avant Jésus-Christ. Les Tamouls indiens (3,7 % de la population) n'ont que peu d'affinités avec l'autre communauté de Tamouls ; ils ont été importés au dix-neuvième siècle pour travailler dans les plantations de thé. En 1960, 40 % des Tamouls indiens ont reçu la nationalité sri-lankaise tandis que tous ceux qui n'étaient pas naturalisés devaient être rapatriés en Inde, mais la plupart d'entre eux sont restés.
Les missionnaires ont installé proportionnellement plus d'écoles dans les zones tamoules que dans le reste du pays. Les Tamouls plus instruits ont trusté les postes dans l'administration coloniale, provoquant la jalousie des Cingalais. Ceux-ci ont pris leur revanche après l'indépendance en 1948. En 1956, malgré les protestations des Tamouls, le cingalais a été adopté comme langue officielle au détriment de l'Anglais et les fonctionnaires devaient le maîtriser. De violentes émeutes ont alors éclaté et ont fait 150 morts parmi les Tamouls. De nombreux incidents et vexations ont marqué les relations entre les deux communautés entre 1960 et 1980. Le gouvernement a interdit l'importation de livres et de films de langue tamoule depuis l'Inde tout en contrariant les séjours des étudiants tamouls dans les universités du sous-continent ; en 1970 il a changé le nom du pays en adoptant un vocable (Sri Lanka) purement cingalais. Les écoles tenues par les missionnaires ont été nationalisées et l'Anglais a été supprimé comme langue d'enseignement. Depuis cette

période, les enfants Cingalais et Tamouls sont le plus souvent séparés à l'école. De même, des quotas universitaires qui favorisaient les Cingalais ont été mis en place. Les hommes politiques tamouls ont d'abord milité pour l'établissement d'un état fédéral, leur ethnie étant concentrée dans le nord et l'est de l'ancienne Ceylan Devant l'échec des revendications, autonomistes, une coalition de partis tamouls s'est présentée aux élections de 1977 en demandant l'indépendance de la partie tamoule de l'île. Cette alliance a remporté la plus grande part des sièges de la zone tamoule, mais elle n'a pas été autorisée à siéger au Parlement sri-lankais du fait de ses positions séparatistes. En 1977 une série d'émeutes ont provoqué la mort de policiers sri-lankais et d'une centaine de civils tamouls. En 1981, la bibliothèque de Jaffna qui possédait de précieux manuscrits tamouls a été incendiée par des extrémistes cingalais.

En juillet 1983, après la mort d'une vingtaine de soldats sri-lankais tués dans une embuscade, des pogroms ont fait de nombreux morts tamouls (peut-être un millier) et ont provoqué un exode des membres de cette ethnie vers l'Inde, l'Europe, l'Australie ou le Canada. La guerre civile a éclaté peu après. Après de vaines négociations en 1987, les combats se sont intensifiés. Le gouvernement indien a proposé en 1988 ses bons offices, il a obtenu une décentralisation pour les provinces tamoules et un statut officiel pour la langue de ce peuple. En échange l'armée indienne est intervenue pour rétablir l'ordre dans le Nord et l'est de l'île. Mais l'Inde a retiré ses troupes en 1990 après avoir perdu un millier de soldats en luttant contre la guérilla tamoule. En 1991, l'ancien Premier ministre indien responsable de cette intervention militaire a été assassiné par un terroriste tamoul.

En 1995, un nouveau gouvernement cingalais issu des urnes a obtenu un cessez-le-feu en juin 1995, mais les négociations qui ont suivi ont échoué, la guerre a repris, marquée par de nombreux attentats-suicides et des attaques maritimes du LTTE l'organisation extrémiste qui regroupait les forces rebelles.
Les insurgés contrôlaient au départ le nord de l'île, mais leur zone s'est peu à peu rétrécie et leur dernier réduit est tombé en 2009. La guerre a fait 100 000 victimes et 250 000 déplacés. La victoire militaire des Cingalais n'a rien résolu, la situation reste tendue et aucune véritable solution n'a été apportée au problème tamoul.
Une centaine d'actes anti-chrétiens ont été recensés en 2017 et le gouvernement a dû proclamer la loi martiale pour mettre fin à des émeutes contre les musulmans. À Pâques 2019, des attentats effectués par des extrémistes islamiques en représailles à la tuerie de Christchurch ont visé des touristes et des églises catholiques et causé de très nombreuses victimes. Depuis on dénombre beaucoup d'actes antimusulmans.

Le Brunei

67 % des habitants de cet état sont musulmans, 13 % bouddhistes, 10 % chrétiens et 10 % professent d'autres religions ; certains sont animistes. Les Hindous autrefois majoritaires ne sont plus que quelques milliers (sur près de 400 000 habitants). L'Islam est religion d'État, la vente d'alcool interdite et les musulmans sont obligés d'aller à la mosquée les vendredis après-midi. La charia est désormais appliquée dans son intégralité : des dispositions législatives prévoient notamment d'amputer les mains des voleurs et de lapider les homosexuels et les personnes

adultères, mais devant le tollé international, le sultan a indiqué qu'elles ne seront pas appliquées.

La Chine

Le Tibet avait été une première fois annexé à la Chine sous la dynastie mongole des Yuans au XIIIe siècle. Le contrôle exercé par l'Empire du Milieu est devenu symbolique sous la dynastie chinoise des Mings (1368-1644) avant que le Tibet ne soit replacé en 1724 sous la tutelle de Pékin par les Qings mandchous qui dirigèrent la Chine de 1644 à 1911. De 1904 à 1908 ce pays a été occupé par les Britanniques qui lui imposèrent une frontière avec l'Inde favorable à leurs intérêts. Celle-ci fut la source d'un conflit en 1962 entre l'Inde et la Chine populaire. L'Empire du Milieu a réoccupé le Tibet dès le départ des Anglais, mais après la révolution de 1911 et la chute de la monarchie mandchoue, le Tibet a chassé les garnisons chinoises et repris son indépendance. Il était alors un état féodal et archaïque qui se tenait à l'écart de tout progrès. En 1951, il été occupé par un corps expéditionnaire communiste. Malgré les assurances données par Mao, les terres ont été collectivisées à partir de 1956, provoquant une insurrection armée noyée dans le sang qui a provoqué plusieurs dizaines milliers de victimes et près de 100 000 réfugiés. Le Dalaï-Lama s'est enfui en Inde en 1959 et a établi un gouvernement en exil à Simla.

Le Tibet était il vraiment en 1951 un état indépendant ? Cette question est difficile à trancher même pour des juristes chevronnés. L'indépendance du Tibet n'a été reconnue par aucun pays (sauf par la Mongolie extérieure en 1911), le Tibet n'appartenait pas à l'ONU et n'a participé qu'à une seule réunion internationale en 1947. En tout cas la population locale n'a jamais été consultée pour savoir si elle souhaitait rester indépendante ou être annexée par la Chine. Après une terrible famine en 1960 et 1961, la révolution culturelle a durement touché la province et de nombreux troubles l'ont secouée en 1987, 1988, 1989, 2008 et en 2012. Depuis 2011 on note des immolations de moines bouddhistes. La province du Tibet proprement dit compterait 2,7 millions de Thibétains et 2,3 millions de Hans (l'ethnie chinoise proprement dite), mais ces chiffres sont controversés.

La dynastie mandchoue Qing a réuni à la Chine la Mongolie et le Sin-Kiang. La partie nord de la Mongolie chinoise a proclamé son indépendance en 1911 avant d'être conquise par les Soviétiques en 1920 et de former une république populaire ; la région mongole de Touva elle a été annexée en 1944 par l'URSS, après une courte période d'indépendance entre 1921 et 1944. Le sud de l'ancienne Mongolie chinoise, la Mongolie-Intérieure, a formé un état fantoche lié au Japon avant de revenir en 1945 dans le giron de Pékin. Cette région autonome connaît une agitation indépendantiste réprimée par les Chinois. Les Mongols ne représentent plus que 17 % de la population de la Mongolie-Intérieure contre 80 % de Hans.

Au Sin-Kiang, les Hans forment 40 % de la population contre 60 % de Huis (musulmans chinois) dont 45,6 % d'Ouïghours. Confrontée à une série d'attentats meurtriers, la Chine cherche à éradiquer l'Islam ou du moins à « rééduquer » un grand nombre de musulmans en les envoyant dans des camps.

Les minorités chinoises en Asie.

Nous avons déjà vu les problèmes rencontrés par les Chinois de Malaysia. Les Hans sont également 1,7 million en Indonésie (0,7 % de la population). Plus riches, plus instruits que leurs compatriotes musulmans, ils suscitent l'envie et de graves émeutes ethniques ont éclaté en 1998. Depuis, les autorités s'efforcent d'assimiler les Chinois à un peuple indigène et les tensions se sont pour l'instant mises entre parenthèses.

Les Hoas constituent la principale communauté de langue chinoise du Vietnam ; ils sont 855 000 (0,95 % de la population) et parlent encore le cantonais (une langue chinoise minoritaire, la principale étant le mandarin). Les Hoas excellaient dans le commerce et les affaires au temps de la République du Sud Vietnam, mais beaucoup d'entre eux se sont exilés en Occident ou en Chine au moment de la chute de Saïgon en 1975 et de la guerre sino-vietnamienne de 1980. Les tensions ethniques restent vives au Vietnam, aggravées par la politique économique conquérante de la Chine populaire.

La Polynésie française et d'une manière générale les États du Pacifique possèdent des minorités chinoises qui sont surreprésentées dans le commerce et le monde des affaires. Ils sont victimes d'une forme larvée de racisme et des discours antichinois sont parfois prononcés lors des campagnes électorales.

Les tensions séparatistes en Indonésie

Les Chrétiens forment un peu moins de 10 % de la population de l'Indonésie et sont majoritaires dans le sud des Moluques ; cette région a essayé en vain de se séparer de l'Indonésie en 1950. L'Indonésie est relativement tolérante envers ses minorités religieuses, même si en principe il est interdit d'être athée, si le mariage civil n'existe pas et si les unions entre conjoints de religions différentes sont proscrites. Néanmoins, dans les

années 1990 sous le régime de Soeharto, une politique de préférence musulmane a été mise en place. En 2019, des tensions inter-religieuses persistent illustrées par la récente condamnation pour blasphème d'un chrétien, d'origine chinoise qui a été un temps gouverneur de Djakarta : il avait en effet critiqué l'interprétation du Coran donnée par les Ulémas sur l'obligation qu'ont les musulmans de n'élire pour les diriger qu'un fidèle du Prophète.
La partie orientale de l'île de Timor a été une colonie portugaise jusqu'en 1974. Après le retrait des Lusitaniens, les Indonésiens ont réunifié l'île. Ils se sont retirés en 1999 du Timor oriental après une guerre féroce qui a coûté la vie à 25 % des habitants de ce territoire. Ce conflit a pris sur la fin un caractère religieux avec l'intervention de milices irrégulières musulmanes. Un referendum organisé par l'ONU s'est prononcé à 90 % pour l'indépendance.
La partie occidentale de l'île de Timor qui avait été intégrée aux Indes Néerlandaises est chrétienne à 90 % et garde une influence portugaise notamment dans les noms, mais ses habitants parlent le Bahasa Indonesan qui est la langue vernaculaire de l'Indonésie.
L'ouest de l'île de Nouvelle-Guinée est resté une colonie néerlandaise jusqu'en 1962 et a été cédé à l'Indonésie sans que la population ne soit consultée. Les habitants de cette région souhaiteraient qu'un referendum soit organisé comme au Timor.

La Papouasie-Nouvelle Guinée

Cet état regroupe la partie orientale de l'île de Nouvelle Guinée, ainsi que les archipels mélanésiens qui étaient sous la domination de l'Empire allemand avant 1914. Il a connu à partir du 1 décembre 1988 une guérilla séparatiste dans l'île de Bougainville dont la population se sent plus proche des habitants des îles Salomon que des Papous. Ce conflit, où le gouvernement de Port Moresby a été accusé d'utiliser des armes interdites (le Phosphore blanc) a fait entre 15 000 et 20 000 morts (10 % de la population). Un accord de cessez-le-feu a été signé en avril 1998 suivi en 2001 d'un traité concédant à Bougainville un gouvernement autonome. La grande mine de cuivre contestée par les insurgés pour des raisons écologiques et parce que les profits ne revenaient pas aux insulaires a été fermée. Le referendum sur l'indépendance prévu par l'accord de 2001 s'est tenu en décembre 2019. La sécession a été approuvée à 98 %, mais celle-ci doit encore être approuvée par le Parlement de la Papouasie-Nouvelle Guinée. Or beaucoup d'élus de cette assemblée sont opposés à l'indépendance de Bougainville par peur de revendications similaires dans les autres îles de l'état artificiel et post colonial qu'est la Papouasie. En outre Bougainville est totalement dépourvue de ressources sauf à relancer la mine de cuivre. Les prochains mois seront donc décisifs.

Vanuatu

L'archipel des Nouvelles Hébrides qui possédaient un statut unique au monde, celui d'un condominium franco-britannique a accédé à l'indépendance en 1980 sous le nom de Vanuatu. Le nouvel état a été immédiatement confronté à la sécession de la grande île d'Espiritu Santo tentative finalement réprimée par les forces franco-britanniques encore présentes dans l'Archipel ; la France avait pourtant reconnu dans un premier temps l'indépendance de Santo. Cette poussée de fièvre était liée aux tensions entre Francophones et Anglophones. Celles-ci s'estompent lentement à mesure que l'influence des anciennes puissances coloniales s'effacent.

Les îles Salomon

Cet archipel indépendant depuis 1978 qui est l'un des pays les plus pauvres au monde est en proie à des tensions ethniques. À partir de 1998, des Autochtones de l'île de Guadalcanal ont entrepris une campagne de terreur contre les migrants venus en grand nombre de l'île de Malaita au cours des décennies précédentes. 20 000 personnes (sur une population totale de 100 000 insulaires) ont été obligées de se réfugier dans la capitale de Guadalcanal. Les Malaitans se sont organisés en milice et ont riposté provoquant un conflit de basse intensité. En 2003, l'intervention armée sous l'égide du Commonwealth de troupes principalement australienne a permis de faire baisser la tension. Néanmoins, le calme reste précaire. En outre, la minorité chinoise (2000 membres sur 500 000 habitants dans les Salomon) qui possède comme dans beaucoup d'états de l'Océanie les leviers de commande économiques est victime de racisme.

L'île Maurice

Cet archipel multicommunautaire est à majorité hindouiste (51,6 %) tout en ayant d'importantes communautés chrétiennes (34,6 %) et musulmanes (15,6 %) ainsi qu'une petite minorité chinoise (2 %). Les Hindous possèdent le pouvoir politique tandis que les Blancs (3 % principalement d'origine française) détiennent le pouvoir économique. Cet archipel a connu des troubles dans le passé : en 1968, au moment de l'indépendance des affrontements qui ont fait une dizaine de morts ont entraîné l'exil d'une partie des Blancs qui sont partis en emmenant leurs capitaux. En 1999, la mort en prison d'un chanteur a provoqué de violentes émeutes chez les Créoles (les descendants d'esclaves) qui se sont heurtés aux Hindous. Depuis le calme est revenu. Le développement économique qui profite à tous a sans doute permis de mettre de côté les clivages communautaires, mais la situation reste fragile.

Les guerres de religion en Europe

Après la prédication de Martin Luther qui a commencé en 1517, une bonne partie de l'Europe a été secouée par les guerres dites de religion entre Catholiques et Réformés. L'intolérance a été longtemps la norme. Si on excepte la principauté roumaine de Transylvanie et la République des deux Nations (La Pologne-Lituanie) où tous les cultes ont été autorisés dès le seizième siècle, les habitants d'un état devaient professer la même foi que celle de leurs dirigeants. Les dissidents s'exposaient à des persécutions plus ou moins graves et risquaient parfois leurs vies. Le plus souvent, ils s'exilaient pour pratiquer librement leur culte.

La France et l'Allemagne ont connu des guerres civiles violentes et barbares qui ont fait de nombreuses victimes et qui ont donné lieu à des exactions de chaque côté. Pour ramener la paix dans notre pays, Henri IV a dû se convertir au catholicisme et accorder, en signant l'édit de Nantes, une liberté de conscience relative et des places de sûreté, aux Calvinistes. Pour empêcher la création d'un état séparé et réunifier la France, son fils Louis XIII a été contraint de mener une guerre très dure avant de s'emparer de toutes les villes fortifiées des Réformés. Il n'a pas touché à la liberté de culte ; son fils Louis XIV a révoqué l'édit de Nantes provoquant l'exode de 200 000 Calvinistes hors de France. Au dix-huitième siècle, on a encore exécuté quelques protestants et envoyé des hommes aux galères dont le seul tort était de ne pas être catholique. Louis XVI a rétabli la liberté de culte deux ans avant la Révolution ; la tolérance est devenue rapidement la norme au point que la France a eu, en 1840 un Premier Ministre protestant, Guizot. En Allemagne, outre les guerres soutenues et perdues par Charles Quint, le pays a connu la guerre de Trente Ans, un conflit d'essence religieuse qui a causé la mort de plus de la moitié des habitants de l'Empire.

La Suisse a connu la dernière guerre de religion, en 1848, celle du Sonderbund entre les cantons protestants et catholiques, mais plus que la religion, l'enjeu du conflit était la forme du gouvernement du pays, fédération ou confédération. Les protestants vainqueurs ont transformé la Suisse en un état fédéral.

Les Chrétiens

Le christianisme est et de loin, la religion la plus persécutée dans le monde. Il ne se passe pas une semaine sans qu'un massacre n'ait lieu. Les attaques se déroulent souvent pendant les messes et sont exclusivement le fait de musulmans fanatiques.
En France un prêtre a été égorgé pendant la messe, de nombreuses églises sont profanées. Les trois quarts de ces incidents sont dus à des SDF ou des adolescents, mais un quart est commis par des musulmans.

Les musulmans

Les fidèles du Prophète subissent eux aussi quelques persécutions (déjà signalées), en Chine, en Inde, en Birmanie ou parfois en Occident, mais elles sont moins graves et font nettement moins de morts que celles qui frappent les Chrétiens ou les Juifs.

Les Juifs

Rares sont les états qui n'ont pas connu des incidents antisémites. Les Juifs des USA, de la France et de l'Argentine ont notamment subi des attaques meurtrières provoquées par des extrémistes d'extrême droite ou par des terroristes islamistes. Mohammed Merah s'en est pris à des enfants et un enseignant d'une école juive de Toulouse en 2012. En 2018, un suprémaciste blanc a assassiné 11 personnes dans une synagogue de Pittsburgh. En 2019, une autre attaque à San Diego, a fait un mort.

Les expulsions antiques en Europe

Les Juifs ont été régulièrement expulsés des états européens tout au long du Moyen Âge et de l'époque moderne : de l'Angleterre en 1290, de l'Allemagne en 1358, 1510 et en 1551, de l'Autriche en 1421 et 1698, de Bretagne en 1240, de Crimée en 1066 et 1350, de France en 535, 633, 1254, 1292, 1322, 1394, 1491 et 1501 de Provence en 1498, du Portugal en 1496, d'Espagne en 1492. Souvent après une première expulsion, les israélites étaient rappelés par les souverains qui trouvaient indispensables leurs qualités de banquiers, ce qui explique par exemple les huit édits anti-juifs pris en France. Ces expulsions étaient motivées par des raisons financières et religieuses.

Les Chrétiens des petits royaumes arabes ou berbères de la péninsule Ibérique ont été persécutés dès le milieu du IX ième siècle et sont exilés progressivement dans le Nord de l'Espagne qui était resté Wisigoth. En 1492, il n'y avait plus un seul catholique dans l'émirat de Grenade. Les Juifs ont également subi des persécutions et 4000 d'entre eux ont été massacrés en 1066 à Grenade. Beaucoup se sont alors réfugiés dans les états chrétiens du Nord.

Les musulmans des royaumes espagnols de Castille, d'Aragon, de Valence, de Murcie et de l'émirat de Grenade ont été après la reconquête chrétienne autorisés à pratiquer leur religion, moyennant une taxe. On les appelait alors *mudéjars*. Leurs statuts étaient variables : d'esclaves dans les îles Baléares à petits paysans pauvres dans le royaume de Valence. Ils représentaient 11 % de la population de la couronne d'Aragon à la fin du Moyen Âge. Ils se sont soulevés à plusieurs reprises ; la répression a été à chaque fois terrible et a été ponctuée de nombreux massacres et déportations. Prenant prétexte de l'insubordination de leurs sujets mudéjars, les souverains espagnols les contraignirent à se convertir au catholicisme en 1499 en Castille et à Grenade et en 1529 dans les royaumes dépendant de l'Aragon. Désignés désormais sous le nom de Morisques, ils étaient suspectés d'être restés musulmans dans leur cœur tout en feignant de professer le catholicisme. Ils devaient en outre continuer à payer des impôts plus lourds que les autres chrétiens. Ils se sont soulevés à nouveau en 1568 à Grenade ; les Castillans eut beaucoup de mal à réprimer leur révolte. Les Morisques de l'ancien émirat de Grenade furent alors dispersés dans toute l'Espagne, loin des côtes méditerranéennes et atlantiques.

En 1609, le roi Philippe III ordonna l'expulsion vers l'Afrique du Nord des Morisques à qui il reprochait d'être restés secrètement fidèles à l'Islam et surtout d'aider les corsaires barbaresques à piller et enlever les populations des régions côtières de l'Espagne. On estime à 270 000 le nombre d'expulsés sur un total de 400 000 Morisques. En 1614, les persécutions cessèrent et en 1628 on décida de ne pas poursuivre ceux qui revenaient d'Afrique du Nord. Beaucoup de Morisques déportés périrent pendant leur exil, soient jetés par-dessus bord par les patrons des bateaux qui voulaient les voler, soit massacrés par les musulmans Tunisiens ou Algériens qui refusaient de les accueillir, le Maroc étant plus accueillant. Si les répercussions de cet exode furent nulles ou presque en Castille, le royaume de Valence perdit 40 % de sa population et connut une dépression économique catastrophique dont elle n'était toujours pas remise en 1718. En effet, sa population n'était que de 260 000 contre 400 000 en 1600.

Néanmoins beaucoup de Morisques sont restés. On estime que 19,5 % des Espagnols ont des ancêtres venus du Moyen-Orient et 10,6 % des aïeux berbères. La question des excuses de l'Espagne aux descendants des Morisques se pose surtout que le Roi Juan Carlos a demandé pardon aux Juifs pour leur expulsion de 1492. Cependant, en 2009 le congrès des députés a adopté une proposition visant à « la reconnaissance institutionnelle de l'injustice commise à l'encontre des Morisques ». Comme je l'ai déjà évoqué, les expulsions et les conversions de force ont été aussi le lot de l'Espagne et du Maghreb musulmans. Chaque camp a donc commis des exactions et que l'un seulement demande pardon n'aurait, à mon avis, aucun sens. Il faut en finir avec la culpabilisation unilatérale sans fin de l'Occident.

L'expulsion des Allemands en 1945

Le traité de Versailles imposé de force à l'Allemagne en 1919 violait les droits des peuples à disposer d'eux-mêmes. Les alliés ont notamment interdit à l'Autriche de s'unir à l'Allemagne, malgré le désir de sa population, l'Alsace Lorraine a été annexée par la France sans referendum et on n'a pas tenu compte de ceux qui ont eu lieu en Silésie ou au Schleswig : on a donné à la Pologne ou au Danemark des zone où les Allemands étaient majoritaires. De même les villes de Dantzig et de Memel purement germaniques ont été transformées artificiellement en villes libres afin de garantir les intérêts économiques de la Pologne et de la Lituanie.

Hitler voulait réunir au Troisième Reich tous les territoires habités par des peuples considérés comme germaniques : les Sudètes, Memel, la Silésie, l'Alsace Lorraine, la Suède, la Norvège, le Danemark, la Suisse Alémanique, l'Autriche. Il a au prix de nombreuses atrocités réalisé une grande part de son programme. En représailles, après la débâcle du Troisième Reich en 1945, les Polonais, les Soviétiques, les Tchèques et les Yougoslaves ont expulsé la quasi-totalité des Allemands qui habitaient les territoires qui leur avaient été attribués. Les descendants des colons germaniques installés dans les pays baltes (Estonie, Lettonie, Lituanie) et en URSS eux avaient été rapatriés en 1940 en Allemagne, suite à l'accord germano-soviétique de 1939.

Si cet exode a été cruel et a provoqué un demi-million de morts parmi les réfugiés, il a réglé définitivement des problèmes qui ont ensanglanté l'Europe Centrale pendant plus d'un siècle. La Bohème et la Moravie du temps de l'empire Austro-hongrois étaient en effet la proie de violences ethniques récurrentes entre Tchèques et Allemands tandis que le sort des minorités germaniques est la cause directe de la Seconde Guerre Mondiale.

Les pays où les minorités sont bien intégrées

Nous avons vu une longue litanie de pays où les minorités sont victimes de persécutions. Il existe heureusement des états pluriethniques où les tensions intercommunautaires sont limitées, voire inexistantes, mais la liste est fort courte : la Finlande avec sa minorité suédoise, la Pologne avec ses petites minorités Allemande (en forte diminution depuis 1945), Ukrainienne, Biélorusse Cachoube, Karaïte (les ethnies non polonaises représentent au total 3% des habitants de cet état, ce qui explique peut-être l'absence actuelle de problèmes), la Biélorussie avec ses communautés Ukrainienne et Polonaise, l'Ukraine avec ses minorités Magyare et Ruthène, l'Albanie avec ses trois communautés musulmanes (majoritaire à 70 %) orthodoxe et catholique, la Grèce avec sa communauté Turque de Thrace, Cuba avec sa minorité noire, l'Autriche avec sa minorité Carniole (Slovène) ou la Roumanie avec ses minorités Hongroise ou Allemande ; néanmoins les tensions ethniques peuvent à tout moment resurgir dans ces états : ainsi en 2019, des heurts sans gravité se sont produits en Roumanie entre Magyars et Roumanophones au sujet d'un cimetière militaire Transylvanien datant de la Première Guerre Mondiale. De même, dans toute l'Europe orientale les Roms se sentent discriminés.

Les communautés Asiatiques d'Europe ou d'Amérique vivent en paix, même si en France les Asiatiques sont souvent pris à partie du fait qu'ils seraient prétendument plus riches que la moyenne de la population. Aux États-Unis, la tolérance à leur égard est récente : la Californie avait pris des lois contre les immigrants chinois au XIX ième siècle, tandis que les Nippo-américains ont été placés dans des camps entre 1942 et 1945. D'autre part les étudiants Asiatiques sont défavorisés par les quotas ethniques dans les universités des USA, ce qui est une forme de discrimination.

Conclusion

Cette brève revue des conflits qui embrasent la planète est loin d'être exhaustive. Elle montre que les différences religieuses ou ethniques sont presque toujours source d'affrontements. L'Onu compte 193 états membres tandis qu'il existe 198 gouvernements reconnus par au moins 2 membres de l'ONU et qui exercent leur autorité sur un territoire spécifique. Les 5 proto-états non-membres de l'ONU sont le Kosovo, la Palestine, la République Sahraouie qui sont la proie de troubles ethniques ou séparatistes, Taïwan qui a violemment réprimé les autochtones de l'ancienne Formose en 1949 et le Vatican qui est le plus petit état au Monde et est d'un modèle particulier : il est basé sur la religion. Nous avons également passé en revue les républiques sécessionnistes issues de la dislocation de l'URSS qui sont reconnues uniquement par la Russie ou l'Arménie. 16 membres de l'ONU sont des micro-états de moins de 110 000 habitants tandis que 11 d'entre eux ont entre 110 000 et 500 000 habitants. Ces 27 nations ne sont pas le théâtre de troubles ethniques, séparatistes ou religieux vu la faiblesse de leur population. Sur les 166 états représentés à l'ONU ayant plus de 500 000 habitants, 123 (74 %) ont connu depuis 1900 des conflits séparatistes, des attentats d'origine religieuse ou ethnique ou qui ont visé des minorités, des affrontements intercommunautaires qui ont conduit à plus d'une dizaine de décès, des discriminations allant jusqu'à des mises à mort, des guerres civiles ou des massacres à base ethnique. Les 43 pays qui ne sont pas sur cette liste ne sont pas exempts de tensions intercommunautaires, mais les heurts ont été limités ou n'ont fait que peu de morts. Même après de longues périodes de cohabitation harmonieuse entre deux communautés, des tensions, parfois sous-tendues par des clivages sociaux ou économiques, peuvent resurgir. La tolérance n'est jamais acquise : au contraire l'intolérance semble la règle. On constate également que souvent des problèmes longtemps insolubles ont été dénoués par des déplacements de populations et la création de zones ethniquement homogènes. Cette solution a mauvaise presse de nos jours ; elle est sans doute dans beaucoup de cas, un mauvais arrangement, mais le moins pire de ceux que l'on peut mettre en œuvre.

Chapitre IV

Le « Grand remplacement » en France

Le terme de « Grand Remplacement » est sulfureux. On l'accuse d'être raciste ce qu'il n'est pas. Ce terme est avant tout une question que certains peuvent trouver sans intérêt et d'autres légitime : les immigrés extra-européens et les leurs descendants seront-ils majoritaires à court, à moyen ou à long terme en France ? Si la réponse est positive, se demander ensuite si c'est une bonne ou une mauvaise chose pour notre pays ou s'il ne s'agit que d'un épisode neutre et sans importance de notre longue histoire est un autre débat ; il peut effectivement être pollué par le racisme, si on estime que la France doit rester à tout prix un état à majorité blanche athée, chrétienne ou juive.
Avant d'étudier les perspectives démographiques de notre pays, efforçons-nous de définir la notion polémique de « Français de souche ». Quiconque la détermine en se référant uniquement aux ancêtres frise le racisme. Comme je l'ai déjà dit notre peuple est issu d'un brassage de plusieurs ethnies et de multiples vagues de migrations depuis l'installation, il y a 8 millénaires, de l'homme de Cro-Magnon dans l'Hexagone. Il n'y a pas de « sang pur » français ou de « gènes » spécifiquement français. Ceux qui l'avancent nagent en plein fantasme. Comme l'a remarqué Philippe Séguin, nous sommes tous des fils de migrants,

seule change la date d'arrivée de nos aïeux ; aucun occupant de l'Hexagone ne peut se vanter d'être plus légitime ou d'avoir plus de droits que d'autres sur le sol de notre patrie.

Cependant, je retiendrai cette notion de « Français de Souche » que j'utiliserai par la suite, après lui avoir attribué un autre sens que « descendant des anciens habitants du pays » voire comme un succédané de « Blanc ». Pour moi, la qualité de « Français de Souche » n'est délivrée ni par l'ancienneté de l'installation dans notre pays ni par l'origine ni par la « race » ni par la couleur de peau ni par la religion que l'on professe : à mes yeux, quiconque accepte d'être régi par la législation commune sans exiger d'être traité différemment suivant sa foi ou sa « race », refuse la victimisation permanente, admet la critique des religions quelles qu'elles soient et se sent prioritairement français avant d'être membre d'une communauté, est « Français de souche »

Cette notion est avant tout un état d'esprit, consistant à se placer volontairement dans la « tradition » hexagonale, dans le soc de valeurs propres à notre pays. Pour cela, il faut en quelque sorte « assumer » les 40 rois qui ont fait la France, les 5 Républiques et les deux Empires, la longue histoire de notre pays, ses lois fondamentales et ne pas vouloir bousculer l'équilibre actuel.

L'immigration submergera-t-elle la France ?

Voilà un débat récurrent entre « progressistes » et « nationalistes ». Les premiers affirment que l'immigration est constante depuis 100 ans, que le nombre de migrants est faible alors que les seconds parlent d'un déplacement massif de population qui bouleverserait complétement le fond ethnique de la France, chacun se renvoyant des chiffres à la tête dont les conclusions sont diamétralement opposées. Le quotidien *le Monde* a avancé en mars 2019 que les immigrés ne formeraient que 5 % de la population tandis qu'à l'inverse une autre étude prétendait qu'en 2019, 25 % des prénoms donnés étaient musulmans ou d'origine africaine.

Les statistiques ethniques ou religieuses sont interdites en France : lors des recensements on ne demande jamais la religion pratiquée ou l'origine ethnique, alors que cette donnée est présente dans les formulaires de la plupart des autres pays. Cette absence fâcheuse est source de nombreux fantasmes. Nous ne disposons que de sondages et d'études imprécises.

Pour les mêmes raisons, on ignore le nombre exact de musulmans en France. Wikipédia avance le chiffre de 7,5 % d'autres démographes prétendent qu'ils sont 8,5 % tandis que Hervé Bras affirme dans l'Obs en 2018 qu'ils ne sont que 3 millions (4,6 %). Ces divergences viennent de la prise en compte ou non de ceux qui ont un ou deux parents musulmans, mais ne vont jamais à la mosquée. Doit-on les considérer comme musulmans ou athées ?

Nous sommes également incapables de dénombrer les résidents français originaires de l'Afrique noire. La drépanocytose est une maladie génétique qui modifie les globules rouges et rend plus fragiles face aux maladies ceux qui en sont atteints. Elle est née indépendamment en Inde et en Afrique. De là elle s'est répandue en Amérique. En principe seul un nourrisson ayant un ancêtre noir ou indien peut être porteur de la drépanocytose. On détecte en moyenne un peu plus de 400 malades par an, mais les dépistages à la naissance concerneraient selon certaines sources jusqu'à 25 % des bébés. De là en déduire qu'un quart des nouveau-nés ont du « sang » noir, Indien ou Africain du nord est une approximation que je me garderais bien de faire. En tout état de cause le chiffre de 5 % d'immigrés en 2019 donné par *le monde* semble bien trop faible ; des démographes avancent sans certitude le chiffre de 11 %.

On connaît précisément le nombre annuel d'entrées et de sorties *officielles* du territoire en provenance de l'Union Européenne ou de pays tiers. Mais parmi elles combien correspondent à des Français qui s'expatrient définitivement ou temporairement de notre pays ? Combien de nos compatriotes rentrent au bercail après un séjour plus ou moins long à l'étranger ? En outre, l'immigration clandestine fausse les chiffres, tant elle est difficile à recenser. Selon des articles de presse parus à la mi-avril 2019, le nombre exact d'habitants de la Seine Saint-Denis serait inconnu, les estimations variant à 30 % près du fait de la présence de nombreux sans papiers dans ce département.

Les prénoms ne constituent pas non plus un marqueur fiable. Des musulmans qui ne sont pas intégristes utilisent parfois à partir de la deuxième génération des prénoms « Français de souche » (par exemple Léa ou Lina). Des athées ou des chrétiens donnent à leurs enfants des prénoms arabo-musulmans comme Karim ou Medhi.

Les « Françaises de souche » font probablement moins d'enfants que les immigrées récentes. Mais on ignore totalement le comportement des immigrées de deuxième ou de troisième génération : font-elles, feront-elles aussi peu d'enfants que les « Blanches » ou continueront-elles à en avoir plus de 2 ? En tout cas, les musulmanes rigoristes, les catholiques ferventes et les juives ultra-orthodoxes ont

beaucoup plus de bébés que celles qui sont moins impliquées dans la religion.
Avançons néanmoins des statistiques en se basant sur des enquêtes parcellaires : en faisant une hypothèse de 1,8 enfant par « Française de souche » et 2,8 pour les autres ethnies, il naîtrait chaque année 614 000 bébés chrétiens, juifs ou bouddhistes contre 130 000 bébés arabo-musulmans (soit 17 % du total, chiffre qui se rapproche du taux de 25% de prénoms d'origine islamique ou Africaine déjà évoqué). Le solde de l'immigration et de l'émigration de « l'ethnie blanche » serait nul chaque année, tandis qu'on noterait 250 000 arrivées légales ou pas en provenance de l'Afrique.
La communauté musulmane se renforce par l'immigration et le prosélytisme conjugal tout en perdant des anciens fidèles qui peu à peu se détachent de l'Islam ou ne le gardent plus que comme cadre culturel avec peu de pratique religieuse à l'instar de ce qui se passe dans le catholicisme. Les deux tendances sont peu quantifiables, mais selon plusieurs sondages, une petite moitié des Français catalogués comme musulmans seraient en fait laïcisés voire carrément athées, un chiffre semblable à celui de pays à majorité sunnite ou chiite comme la Turquie, l'Algérie ou l'Iran.
La proportion de « Caucasiens » risque de passer en dessous du seuil de 50% d'ici une cinquantaine d'années. Néanmoins « les Français de Souche » ne sont pas voués à devenir minoritaires. Les musulmans « tièdes » vont plutôt s'agréger avec eux leur permettant de rester la communauté dominante sauf si le pourcentage de croyants faisant passer la république avant leur foi ne s'effondre. En effet un revival islamique est en cours. Dans les années 1970, la pratique religieuse musulmane

était plus faible et le taux de fidèles du Prophète laïcisés ou athées était de 80 % contre moins de 45 % de nos jours. Les rigoristes ont depuis gagné du terrain, tandis qu'il existe une forte pression pour obliger tous ceux qui sont considérés comme musulmans à se conformer aux rites de l'Islam.

L'autre point d'interrogation est l'évolution de la communauté noire chrétienne. Elle est travaillée actuellement par le racialisme, que, pour ma part j'assimile au racisme et sur lequel je reviendrai. Si cette tendance ne régresse pas, elle risque d'empoisonner pour longtemps les relations intercommunautaires en France

Pour toutes ces raisons, l'avenir ethnique de la France à l'horizon 2100 me paraît impossible à prévoir ; toute affirmation est hasardeuse et risque d'être contredite par les faits. Mais au-delà de savoir quel groupe ethnique sera majoritaire dans un siècle, nous avons d'abord à nous préoccuper des tensions communautaires actuelles qui ne cessent de s'exacerber et qui risquent de mener à de violents affrontements.

Les explosions démographiques

Les peuples vivent, grandissent et s'éteignent parfois. En 1763, quand la France a abandonné l'Amérique du Nord, elle laissait derrière elle 70 000 colons dont 10 000 en Louisiane. Les francophones de Louisiane ont été absorbés par la population anglophone des États-Unis tandis que ceux du Québec et de l'Acadie ont résisté et gagné la bataille des berceaux. Avec 10 à 12 enfants par femme, les Canadiens Français sont passés de 60 000 en 1763 à plus de 7 millions en 2011 avec un faible apport extérieur. Les Boers ont connu un développement similaire. Ils étaient 60 000 quand ils ont été abandonnés

par les Provinces-Unies en 1796. Ils sont 3,6 millions en 2018. Les Catholiques qui étaient et de loin minoritaires par rapport aux Calvinistes lors de la fondation en 1570 des Provinces Unies sont devenus la religion dominante au XX ième siècle aux Pays Bas du fait d'une natalité bien supérieure à celle des protestants.
Les musulmans Algériens étaient 2,17 millions en 1870, 9 millions en 1954, ils sont 42 millions en 2019. Les Égyptiens étaient 4 millions en 1800 et 100 millions en 2020. D'une manière générale, l'Afrique avait 100 millions d'habitants en 1900, en a actuellement 1,2 milliard et en aura 4 milliards en 2100, si rien n'est fait pour enrayer l'explosion démographique.
L'histoire nous enseigne qu'une petite communauté minoritaire peut donc devenir en un siècle largement majoritaire. Tout est donc possible en France y compris un sursaut, un redressement de la natalité des « Français de souche ». Mais pour l'instant, nous sommes sur la pente du changement de peuple dominant.

Chapitre V

Les tensions communautaires en France en 2020

En France deux minorités estiment à tort ou à raison qu'elles sont persécutées : les musulmans rigoristes (qui représentent probablement un tiers des croyants) et une partie de la jeunesse d'origine africaine qui se sent discriminée et rejetée. Les heurts communautaires prennent de l'ampleur et parasitent le climat de notre pays. Ils ne sont pas surprenants : comme je l'ai montré dans la première partie de cet ouvrage, la différence, quelle qu'elle soit, induit le plus souvent des confrontations ethniques ou religieuses. Et rappelons que parmi les pays possédant une minorité, seul 1 sur 4 est exempt de troubles graves.

L'islam radical

Les islamistes rigoristes ne s'intègrent pas et rejettent le mode de vie et les valeurs occidentales. Malgré tous les efforts que nous ferons, ils sont (et seront) inassimilables et en affirmant cela je ne les insulte pas, je ne les pointe pas du doigt, je ne les dénonce pas, je fais simplement une constatation. Leurs croyances s'appuient sur le Coran et sur les lois composant la Charia ; celles-ci sont respectables tant qu'elles ne portent pas atteinte aux autres religions et qu'elles ne réduisent pas les droits des femmes. Elles sont inhérentes à la foi islamique ; pour un croyant radical, elles viennent de Dieu et il n'est pas dans le

pouvoir des humains de les changer. Des états brillants (Empire ottoman, Émirat de Cordoue, Califat de Bagdad) se sont appuyés sur la Charia et les laudateurs de cette dernière la trouvent moderne et adaptée au XXIe siècle. Selon un sondage fait à l'automne 2019, 18 % des musulmans nés en France voudraient que la charia soit appliquée dans notre pays ; il en serait de même pour 41 % des fidèles du Prophète nés hors de l'Hexagone. Les croyants rigoristes seraient entre 1 million et 1 million et demi. Il s'agit d'une forte minorité qu'on n'a pas le droit de négliger. Les musulmans intégristes ne peuvent pas « s'assimiler », se fondre dans la République Française ou accepter la législation commune, car cela reviendrait pour eux à apostasier. On peut le regretter, mais c'est une donnée intangible et incontournable.
En février 2020 l'affaire Mila a montré que le fossé s'agrandit entre la communauté musulmane et le reste de la nation : ayant reçu sur les réseaux sociaux de la part de musulmans de graves injures homophobes, Mila, une adolescente lesbienne, a tenu en réponse des propos provocants et maladroits envers l'islam, mais tout à fait légaux comme a dû le reconnaître le Parquet après qu'il eut brièvement ouvert une enquête préliminaire. Mila a été par la suite traitée impunément de « sale blanche », a été menacée de mort et a dû changer de lycée. D'après un sondage 87% des musulmans se sont senti offensés par la remarque de l'adolescente alors que celle-ci a été soutenue par une large majorité de non musulmans, même si ses propos ont été jugés excessifs.

La mémoire de l'esclavage

La mémoire de l'esclavage joue un grand rôle dans le ressentiment éprouvé par les jeunes noirs vis-à-vis de

notre société. La traite négrière, l'asservissement d'êtres humains du fait de la couleur de leur peau est sans conteste un crime contre l'humanité. Des hommes, des femmes, des enfants ont été transportés comme du bétail d'Afrique vers les Antilles et l'Amérique. Beaucoup de ces déportés sont morts lors de la traversée. D'autres ont péri suite aux mauvais traitements infligés dans les plantations.
La traite européenne et l'esclavage en Amérique et dans les colonies de l'Europe ont été supprimés après une prise de conscience qu'on peut estimer trop tardive de l'opinion publique des deux rives de l'Atlantique, mais qui a le mérite de s'être produite sans autre motivation que la morale et l'éthique. La traite a d'abord été interdite en 1808 aux USA et en 1815 en Europe à l'issue du congrès de Vienne. L'Angleterre a aboli l'esclavage en 1838, la France l'a suivie en 1848, les USA ont fait de même en 1865 (après une guerre civile qui a fait près de 600 000 morts principalement Blancs) Cuba en 1886 et le Brésil en 1888 ferment la marche.
En France, des associations notamment le CRAN (conseil représentatif des associations noires) exigent que les descendants d'esclaves soient dédommagés pour le préjudice subi. Pour justifier leur requête, elles s'appuient sur les compensations financières versées par le gouvernement fédéral américain aux Nippo-américains détenus dans des camps entre 1941 et 1945, sur celles payées aux tribus amérindiennes exilées loin de leurs terres ancestrales au XIX ième siècle ainsi que sur les réparations pour la Shoah versées par la RFA à Israël après la Seconde Guerre mondiale.
Aux USA, le problème de réparations pour l'esclavage est évoqué par les plus à gauche des candidats démocrates à la Présidentielle. S'ils sont élus, sans doute, s'appuieront-

ils sur le projet de loi HR40 que le sénateur (noir) Coyners a présenté chaque année entre 1989 et 2017. HR40 a été baptisé du nom des 40 acres de terre que Lincoln avait promis à chaque esclave libéré pendant la guerre civile, programme qui a connu en 1863 un début de réalisation avant que le successeur de Lincoln, Andrew Johnson, ne rende les lopins concédés à leurs anciens propriétaires. Le projet HR40, désormais porté par la députée Sarah Jackson Lee, est clivant : 89% des américains Blancs le rejettent alors qu'il est approuvé par 58 % des Afro-Américains. Les républicains le bloquent chaque année en reprenant invariablement le même argument : il y a prescription, car tous ceux qui ont subi directement le préjudice sont morts.

De même en France, des descendants d'esclaves Martiniquais qui avaient porté plainte en 2007 contre la France ont été définitivement déboutées en avril 2019 par la Cour de cassation qui a estimé les faits prescrits. Le MIR (mouvement international pour la réparation) a alors porté l'affaire des indemnisations pour l'esclavage devant la CEDH qui a trouvé ce recours recevable le 22 février 2020.

On verra ce qu'en penseront les juges européens, mais celle la position des magistrats français me semble sage. L'esclavage, qui est crime contre l'humanité, a été commis par une faible minorité des ancêtres des Blancs, par une poignée de leurs arrière-arrière-arrière-arrière-grands-parents. La plupart des « Français de souche » n'ont pas d'aïeux négriers. En outre, la culpabilisation des descendants de criminels n'a aucun sens. Stigmatiser ou pressurer l'arrière-petit-fils d'un assassin du fait du crime même particulièrement abject de son arrière-grand-père n'est pas moralement justiciable.

Un chercheur Américain Thomas Craemer a chiffré les compensations à verser aux noirs par son pays à 12,9 billions de dollars (le PIB des USA étant de 12,34 billions de dollars en 2018 !). Il a pour cela comptabilisé les heures effectuées par les esclaves entre 1776 et 1865 au taux du salaire moyen de l'époque et a appliqué un taux d'intérêt de 3% par an. Si on procédait de même pour les colonies françaises, nous arriverions, en comparant les effectifs d'esclaves dans les deux nations, à plus d'un billion d'euros pour notre pays. Si ce calcul peut éventuellement se justifier, les montants trouvés sont particulièrement absurdes ; ils seraient insupportables économiquement et entraîneraient une révolte du contribuable. Presque personne ne parle de donner un dédommagement pécuniaire aux seuls descendants d'esclaves, car la procédure se révélerait vite ingérable. Les documents sont trop anciens et trop parcellaires pour être exploités, car ils datent de plus de 170 ans. On n'arriverait pas à déterminer les bénéficiaires en utilisant ce critère.
Verser un capital à tous les Afro-américains ou à tous les Afro-français flirterait avec le racisme. La prime serait-elle modulée selon la quantité de sang noir coulant dans ses veines ? Écartera-t-on les descendants des rares « noirs libres » qui possédaient eux-mêmes des esclaves ? En 1659, un noir libre virginien, Anthony Johnson, a obtenu par jugement que la servitude d'un noir fût désormais à vie et non plus de 7 ans comme jusqu'alors. Cet arrêt a légalement fondé l'esclavage. Écartera-t-on également ceux qui descendent d'Africains ayant émigré sur un territoire français après 1848 ou aux États-Unis après 1865 ? Aux USA, on évoque plutôt des programmes sociaux destinés aux Afro-américains (bourses pour étudiants, programmes de réhabilitation de logements...)

Si on adoptait de tels dispositifs basés sur l'origine ethnique, on défavoriserait uniquement sur la couleur de peau, un « petit blanc » des Appalaches, descendant des 95,2% des habitants de la confédération sudiste qui ne possédaient pas d'esclaves et dont les ancêtres ont toujours été misérables. Cela serait problématique (C'est le moins qu'on puisse dire !) Pour cette raison Bernie Sanders un des candidats le plus à gauche à l'investiture démocrate n'est pas favorable à des programmes destinés aux seuls Afro-Américains, mais est partisan d'aider tous les pauvres, quelle que soit leur origine ethnique. Je partage son avis.

Il est en fait impossible de réparer des torts après une si longue période, sinon la France pourrait (devrait ?) dédommager les descendants des communards exécutés par les Versaillais en 1871 ou des nombreux guillotinés de la Terreur tandis que la Vendée obtiendrait de colossales réparations pour le génocide ordonné par la Convention. Et surtout il faudrait indemniser les 90 % de Blancs qui ont pour aïeux des serfs, les derniers d'entre eux n'ayant été libérés qu'en 1789, soit 59 ans seulement avant les esclaves. Même si le sort des serfs occidentaux était moins dur que celui des esclaves noirs, ils devaient travailler sans être payés plus de la moitié de la semaine. Or les compensations financières pour l'esclavage sont calculées en comptabilisant les heures non rémunérées des esclaves. Si on suite cette logique il faudrait également rembourser tous nos compatriotes dont les ancêtres ont payé injustement les droits seigneuriaux abolis le 4 août 1789. La liste deviendrait vite interminable. Tous les Français ou presque pourraient donc recevoir des dédommagements. Les parallèles historiques présentés pour justifier une éventuelle réparation de l'esclavage ne sont pas non plus pertinents. Les tribus Amérindiennes dédommagées par le gouvernement fédéral des USA étaient en fait légalement propriétaires de vastes étendues de terres usurpées par les colons et elles ont abandonné définitivement leurs droits fonciers. Cette régularisation d'une situation juridiquement problématique impliquait une compensation financière. Seuls les Nippo-américains déportés ont été indemnisés et non leurs descendants. Quant aux sommes versées par l'Allemagne de l'Ouest en réparation de la Shoah, elles ont été payées, aux personnes lésées, à leurs héritiers directs ou à l'État d'Israël choisi comme représentant des Juifs massacrés par les nazis dans un laps de temps qui n'excède pas 25 ans.

De plus, la traite d'esclaves vers la péninsule Arabique ou le Maghreb a, selon les experts, été plus importante que la traite vers l'Amérique et elle a duré plus longtemps (13 siècles au lieu de 4 siècles). Elle a été éradiquée vers la fin du dix-neuvième siècle par les Européens et elle a été l'un des moteurs (hypocrite) de la colonisation de l'Afrique centrale.

Selon le Coran, si un esclave se convertit, il doit être rapidement affranchi. Aider un esclave à recouvrer sa liberté est un acte pieux qui plaît à Allah. Néanmoins, on trouve dans quelques états à majorité musulmane comme la Mauritanie ou les pays du golfe des traces de la servitude obligatoire tandis que l'Émirat Islamique heureusement vaincu était franchement esclavagiste. La traite négrière vers l'Est a été pire que celle de l'Ouest pourtant très dure, car les jeunes garçons étaient souvent castrés ce qui entraînait un nombre considérable de décès.

La capture des esclaves n'était pas le fait des négriers, mais de roitelets africains qui les revendaient aux marchands Européens ou Arabes. L'esclavage a toujours existé en

Afrique, bien avant que les Blancs n'explorent ce continent. Avant la colonisation la moitié des habitants de la Serria Léone et le tiers de ceux de la Sénégambie étaient asservis. Madagascar n'a supprimé l'esclavage qu'après la conquête française en 1892. Cette servitude était la conséquence d'innombrables guerres intestines. Les négriers ont en achetant des captifs, créé une demande, qui a provoqué une intensification des guerres. Les marchands d'esclaves Blancs ou Arabes sont coupables d'avoir déstabilisé le continent noir par leurs exigences incessantes de « bois d'ébène », mais une partie qui est loin d'être marginale des Africains descendent de complices de la traite.

Si on exige des dédommagements de la France, des USA et de tous les pays Européens ayant eu des colonies en Amérique, il faudrait pour être équitable également taxer les états du Maghreb, du Machrek, du Levant et de la Péninsule Arabique ainsi que la plupart des pays Africains. De même, si on suit cette logique, les pays du Maghreb devraient dédommager les Européens pour les esclaves capturés en mer ou raflés sur les côtes par les corsaires Barbaresques ou Marocains : on estime leur nombre à 1 300 000. Même l'Islande a été attaquée par d'audacieux pirates Algérois. Les pays Européens ont certes réduit en esclavage les équipages des bateaux Algériens, Tunisiens ou Tripolitains qu'ils capturaient et les condamnaient à ramer sur leurs galères, mais ils n'ont jamais attaqué les villages côtiers d'Afrique du Nord. La balance penche donc défavorablement du côté des musulmans. Les conséquences économiques ont été catastrophiques pour le royaume de Valence, la Catalogne, la Sicile, la botte italienne, les îles Baléares, la Corse ou la Sardaigne. Dans certaines régions, le retard économique pris à cette époque

n'a toujours pas encore été rattrapé. Pourtant, personne ne demandera à l'Algérie d'indemniser les pays d'Europe du Sud. Pourquoi les « Blancs » devraient-ils être les seuls au monde à être taxés ?
Lors du vote de la loi mémorielle de 2001 sur l'esclavage, Mme Taubira alors ministre de la Justice a refusé d'évoquer la traite Arabe pour ne pas faire porter la culpabilité de ce crime sur les générations actuelles de musulmans. Sa position est injustifiable. Pourquoi disculper les uns (avec raison !) et pas les autres ?
Nous avons déjà fait l'essentiel en qualifiant par une loi l'esclavage de crime contre l'humanité et en instaurant des journées de commémoration pour dénoncer cet odieux trafic. Les organisations Arméniennes n'exigent rien de plus d'Ankara : la reconnaissance du génocide de 1915 (sans indemnisation à la clé). Nous fournissons également une aide économique substantielle à la Réunion, à la Guadeloupe, à la Martinique, à la Guyane, anciennes terres où régnait l'esclavage. Nous ne pouvons guère aller plus loin.

La mémoire de la colonisation

La colonisation qui a pris fin il y a 60 ans, nourrit le ressentiment des minorités noires et maghrébines à l'égard de la communauté « blanche ». Elle a de nos jours mauvaise presse ; on la considère désormais comme un crime à peine moins odieux que celui de l'esclavage. Pourtant, des hommes de gauche comme Victor Hugo la voyaient au XIXe siècle positivement ; ils la percevaient comme une œuvre de civilisation bénéfique pour les pays pris en tutelle tant ils étaient en grand retard économique et souvent mal gérés. Ceux qui s'opposaient entre 1870 et 1900 à la colonisation appartenaient pour beaucoup à la droite ; ils ne le faisaient pas pour des raisons éthiques, mais parce qu'ils préféraient que la France réserve ses forces à la lutte comme l'Empire Allemand. Seul Clémenceau trouvait immoral d'apporter « la civilisation » avec l'aide de « missionnaires casqués » à des peuples qui ne demandaient rien.

La France s'est imposée soit par des guerres de conquête (Afrique noire, Indochine, Algérie) soit en prêtant d'abord des fonds aux gouvernements autochtones (Tunisie, Madagascar, Maroc) avant que la mauvaise gestion économique, l'impossibilité de rembourser à temps les échéances, n'entraînent la mise en tutelle de ces pays. Le moindre trouble était mis à profit par la France pour intervenir et imposer son protectorat après une courte campagne militaire.

La colonisation a été avant tout une conquête de territoires incapables de se défendre. Malgré les prétextes pseudo-humanitaires (« civiliser » des nations en « retard »), sa justification principale trouvait sa source dans l'impérialisme et la politique du glaive. Mais jusqu'à la Première Guerre mondiale, qu'une nation forte asservisse une autre plus faible dans le but de la « guider », était communément admis. L'Histoire n'est qu'une litanie lassante de guerres d'agressions et d'annexions. Il a fallu la création de la Société des Nations en 1919 pour que les opinions publiques évoluent et que le droit des Peuples à l'auto-détermination devienne le principe à prendre en compte en priorité ; néanmoins ce précepte n'a pas été appliqué aux Allemands et aux Hongrois, et depuis un siècle la plupart des États continuent à le contourner.

Pour apporter un jugement équilibré sur l'action de notre pays, il faut tenir compte que dans le centre de l'Afrique, la conquête coloniale était justifiée par la lutte contre la traite orientale ; la France ainsi que nos voisins d'Outre-Manche et d'Outre Quiévrain ont détruit en effet de vastes empires esclavagistes qui en prélevant un nombre sans cesse croissant d'hommes et de femmes pour les envoyer vers l'Est ruinaient les contrées où ils étaient établis. Le rôle de la France de la Belgique et de la Grande Bretagne a été de ce point de vue incontestablement positif.

La France a introduit dans la plupart de ses colonies le travail forcé, une forme adoucie du servage pourtant aboli dans la métropole sous la Révolution française. Elle l'a réformé en 1932, après des articles de presse du grand journaliste Albert Londres sur l'exploitation des indigènes de Centrafrique, avant de le supprimer définitivement en 1947. Le travail forcé, source de multiples abus, permettait aux administrateurs coloniaux de faire payer des impôts aux populations indigènes qui se tenaient à l'écart de la circulation monétaire. S'il ne se compare pas à l'esclavage, car le temps de servitude était limité et que des garde-fous étaient mis en place, il est indéfendable et il est à mettre au passif de la troisième République.

La France a réprimé violemment des mouvements insurrectionnels et a commis dans ses colonies des exactions qui, parfois, sont similaires au drame d'Oradour sur Glane. J'ai déjà évoqué la sauvagerie de la Guerre d'Algérie. Le massacre de Thiaroye au Sénégal où des gendarmes Français et des troupes coloniales ont tiré sur des tirailleurs Sénégalais désarmés qui réclamaient leur prime de démobilisation est une tache sur l'histoire de notre pays. Les événements tragiques qui se sont déroulés à Madagascar entre 1947 et 1948 sont tout aussi sanglants. En réponse à une révolte des Indigènes qui a causé la mort dans des conditions particulièrement atroces de cinq cents Français et d'autant de nos partisans, notre armée a massacré entre 11 000 et 45 000 indigènes en pratiquant une répression sans nuances. On déplore également des violences entre 1955 et 1962 au Cameroun où s'est déroulée une insurrection de grande ampleur qui a tourné à la guerre civile après l'indépendance. Nous avons commencé à reconnaître ces exactions notamment en Algérie ou au Sénégal. On attend maintenant du gouvernement Algérien qu'il s'excuse à son tour. Pourquoi ne demanderait-il pas pardon pour les épouvantables et sauvages crimes de Philippeville, les assassinats de civil à Oran en 1962 et la répression contre les Harkis ? Le FLN est aussi coupable (voire plus ?) que l'armée Française et a perpétré d'indéniables crimes contre l'Humanité qui n'ont jamais été reconnus en tant que tels.

La France a donné en 1848 la nationalité française et le droit de vote à une partie des habitants des Antilles, des établissements du Sénégal et de l'Inde française. Cependant, les musulmans et les juifs d'Algérie n'ont pas bénéficié de ce nouveau statut. Néanmoins, notre pays a permis aux Autochtones d'Algérie en 1865 de devenir français à part entière, du moment qu'ils étaient agréés par les autorités, (qui le faisaient une fois sur deux). On a par la suite en 1870 « nationalisé » contre leur gré tous les Juifs algériens. Des dispositions semblables ont été prises en 1920 en Tunisie. Les collèges électoraux des colons et des indigènes des différents territoires de l'Afrique Noire Française ont fusionné en 1947. Nos concitoyens africains disposaient d'un député en 1848, de 17 en 1945, de 25 en 1948 et de 33 en 1951. En 1954, nos colonies à l'exception de l'Algérie qui a été intégrée dans le territoire métropolitain, ont été dotés d'assemblées locales dont les pouvoirs ont été renforcés en 1958 ; l'indépendance leur a été accordée en 1960 sauf à la côte des Somalie et aux Comores qui sont restées dans le giron français après referendum.

La colonisation sur le plan économique.

Il est très difficile d'évaluer les gains ou les pertes économiques des puissances coloniales. On estime en général, mais ce point de vue est controversé, que ses colonies ont enrichi la France jusqu'à la Première Guerre mondiale, que gains et pertes s'équilibraient entre les deux guerres et qu'après 1945 les investissements outremer dépassaient et de loin ce que ces territoires rapportaient. En effet de nombreux projets, portuaires, ferroviaires ont été menés à bien à cette époque.

On ne note actuellement aucune différence entre les pays comme l'Italie, la Grande Bretagne, la France, les Pays Pays-Bas ou la Belgique qui disposaient de colonies et ceux comme la Suisse, les pays nordiques ou d'Europe centrale qui n'en avaient aucune. Les premiers ne sont ni plus riches ni plus pauvres que les seconds. L'effet dans un sens ou dans un autre est sans doute faible et la balance est équilibrée. Un universitaire du Congo Kinshasa a suggéré de faire le décompte précis et détaillé des flux financiers entre la Belgique et le Congo entre 1893 et 1960. Si à l'issue de ce bilan, nos voisins d'outre-Quiévrain sont débiteurs, ils devront rembourser leurs dettes envers leur ancienne colonie. Son idée est bonne, mais il faudrait que les calculs soient menés sérieusement et non d'une manière idéologique. À mon avis, des pays comme l'Algérie ou la Syrie qui ont bénéficié de gigantesques

investissements de la part de la métropole nous seraient largement redevables à l'issue de ce décompte.
Prétendre que la colonisation n'a que des aspects négatifs sur le plan économique, qu'elle n'a été qu'une catastrophe absolue, qu'elle est l'unique cause du sous-développement est un argument fallacieux et faux: seuls, deux états africains n'étaient pas sous tutelle en 1900, l'Éthiopie et le Libéria : la première est restée un Empire immobile, aux structures basées sur l'esclavage (il n'a été aboli qu'en 1942, après la libération du pays par les Britanniques !) et avant 1960 les seuls progrès économiques de l'ancienne Abyssinie ont été enregistrés pendant la sanglante période coloniale italienne (1932-1942) ponctuée de nombreux et barbares massacres.
Nous avons vu que le Libéria est resté jusqu'en 1980, sous la domination des Afro-Américains rapatriés en Afrique. Comme dans les colonies voisines et pour les mêmes raisons (la volonté de faire payer des impôts aux masses rurales), les Autochtones libériens étaient soumis au travail forcé. Par ce biais, les indigènes ont été réduits en esclavage au profit des compagnies étrangères de l'industrie du caoutchouc au point de provoquer un scandale international. Cette dérive a été condamnée par la Société des Nations en 1931, le travail forcé a été aboli au Libéria en 1936.

Haïti

Tout aussi significatif est l'exemple d'Haïti qui est toujours un pays en développement malgré plus de 200 ans de liberté. La première république noire, indépendante depuis 1804, a également conservé le travail forcé et la corvée tout au long du dix-neuvième siècle. Encore une fois, c'était le seul moyen pour les autorités haïtiennes de

taxer les masses rurales en l'absence d'un circuit monétaire efficace.
Haïti était prospère en 1804, notamment grâce à ses plantations de café ; il signait des accords économiques équilibrés avec les États-Unis et la Grande Bretagne. La France de la Restauration a échoué à imposer son protectorat, malgré l'envoi d'une escadre de 14 navires, mais elle a obtenu en 1823 après d'âpres négociations une indemnisation pour les planteurs dépossédés de leurs esclaves. La somme extorquée représentait 10 années de recettes fiscales du pays. Le Président haïtien Boyer qui avait signé l'accord dût créer un impôt spécial (très impopulaire) et solliciter un emprunt de 30 millions de Francs or à 6% d'intérêts auprès d'une banque française. Ce dernier n'a été totalement remboursé qu'en 1972 ! En 1838, Haïti a obtenu une réduction de l'indemnité à 90 millions de Francs Or.
Notre pays a donc rançonné une république pauvre et il s'honorerait en remboursant cette dette. Tout le problème est de déterminer le montant qu'il devrait restituer. L'ancien Président Haïtien Aristide exigeait 27,2 milliards d'euros. Le CRAN (conseil représentatif des associations noires) a, en 2013, assigné à ce sujet la caisse des dépôts et consignations, l'organisme financier par lequel les fonds versés par Haïti ont transité en réclamant 12 milliards d'euros d'indemnités.
90 millions de Francs or de 1838 (dont la parité avec le métal était fixe) correspondaient à 29,2 tonnes d'or, soit 1,314 milliards d'euros le 3 mars 2020. En première analyse on peut considérer que le pouvoir d'achat de l'or est resté fixe en 180 ans, mais ce moyen de calcul reste approximatif. Si on se base sur le salaire moyen, l'indemnité payée par Haïti équivalait à la rémunération

annuelle de 400 000 ouvriers sous la Restauration. 400 000 smigs de 2020 correspondent à 11,9 milliards d'euros (le montant proposé par le CRAN). On peut aussi considérer, ce que je trouve plus satisfaisant, qu'Haïti a prêté en 1838 90 millions d'anciens francs à la France, à un taux d'intérêt égal à celui consenti à ce pays (6 %) Paris devrait alors rembourser en 2019 un peu moins de 5 milliards d'euros. Faudrait-il y ajouter d'éventuels dommages et intérêts ? La dette d'Haïti est-elle une des causes du sous-développement dramatique de la première République noire au monde, alors que juste après l'indépendance, le pays était riche et semblait bien parti ? Que la France ait extorqué 10 années des recettes fiscales d'Haïti peut choquer, mais encore une fois le pays n'avait que peu de ressources monétaires et beaucoup de contribuables haïtiens payaient à cette époque leur impôts grâce à la corvée et au travail gratuit dans les plantations de l'état. Il reste néanmoins que l'effort fiscal demandé à Haïti était démesuré surtout qu'en 1823 le pays était déjà ruiné par l'incurie de ses dirigeants. Cependant, même si le prêt contracté pour dédommager la France n'a été remboursé qu'en 1972, en 1880 le reliquat de l'emprunt contracté pour payer la France ne représentait que 3% du total des dettes d'Haïti. L'impact de l'indemnité s'était donc estompé en une trentaine d'années. De plus en 1860 la partie espagnole de l'île d'Hispaniola était dans une situation bien plus désespérée qu'Haïti, au point qu'elle a demandé à Madrid de réintégrer son empire colonial, seul cas au monde d'une colonie abdiquant volontairement son indépendance. Or en 2019 le PIB de la République dominicaine est de 8900 $ par habitant contre 1900 $ en Haïti. Le sous-développement de l'ancienne saint Domingue n'était pas une fatalité.

En outre, Haïti a été occupé de 1915 à 1934 par les USA qui craignaient une mainmise de l'Empire allemand sur ce pays. L'occupation a été brutale et des crimes contre l'Humanité ont été commis par les marines américaines, même si les rebelles sont également responsables de nombreuses atrocités. Les finances d'Haïti ont été réorganisées et 40% des recettes ont servi à rembourser des dettes impayées au détriment d'autres priorités. Les Américains ont fait modifier la constitution pour permettre à des grands groupes capitalistes d'acquérir des plantations. Ils ont réintroduit la corvée (intitulée service civil) pour la construction de routes et d'infrastructures. S'ils ont modernisé le pays et développé l'agriculture, les paysans haïtiens n'ont pas, au contraire des élites, bénéficié de la prospérité induite par la gestion américaine. La crise économique de 1929 en provoquant l'effondrement des prix agricoles mondiaux a suscité un regain d'agitation nationaliste dans l'île qui a déterminé les Américains à s'en aller. À l'instar de ce qui s'est passé dans toutes les colonies européennes, il est difficile de juger l'occupation américaine et de déterminer si elle a été bénéfique ou néfaste (Sans doute les deux à la fois.) Néanmoins cette période a eu plus d'influence sur la situation actuelle d'Haïti que l'indemnité que cette nation a été contrainte de nous verser.
D'autre part, la France a également accordé depuis la fin de la seconde guerre mondiale une aide économique à Haïti, qu'il est difficile de chiffrer, mais qui a connu des pics lors des tremblements de terre et des épidémies. Au doigt mouillé, on peut estimer cette aide à 3 milliards d'euros. Pour finir un remboursement par la France d'environ 2 milliards d'euros à Haïti permettrait sans

doute de clore honorablement ce chapitre douloureux de notre histoire.

Le racialisme et le décolonialisme

Depuis plusieurs années une théorie prend de l'ampleur en France, en Europe ou aux États-Unis : les « Blancs » seraient racistes (voire pour certains auraient des gênes racistes) et les personnes de couleur ou musulmanes seraient systématiquement rejetés par une société qui ne fonctionnerait que pour les « Caucasiens ». Les policiers seraient les vecteurs d'une prétendue guerre raciale (contre les Noirs et les musulmans) et la haine envers eux atteint des sommets. Parallèlement, le machisme des hommes coupables d'opprimer l'autre sexe est violemment dénoncé. On voit fleurir des colloques et des stages racialisés, où les tyrans blancs ou masculins sont exclus. Cette théorie prend de l'ampleur et parasite les rapports communautaires en France. Elle sert de substrat idéologique à une révolte des banlieues en proie à des scènes de guérilla urbaine et où les interpellations de malfaiteurs deviennent de plus en plus difficiles.

Le moindre incident est amplifié surtout quand des morts sont à déplorer. Si, comme au début de 2019, les forces de l'ordre essayent d'intercepter deux jeunes sans casques se livrant à un rodéo et si ceux-ci ont un accident mortel, de violentes émeutes éclatent. Les policiers sont considérés a priori comme des assassins. Si nous ne faisons rien, une partie du pays risque de faire sécession et nous aurons bientôt des enclaves où les forces de l'ordre ne pourront plus entrer même en nombre, à l'instar de ce qui se passe au Brésil ou au Mexique. Le fractionnement territorial semble en marche et rien ne paraît pouvoir l'endiguer.

Le racialisme ne doit donc pas faire illusion : il n'est pas progressiste, au contraire il n'est que l'expression du racisme exacerbé d'un groupe social minoritaire envers un groupe perçu comme dominant. Il doit être combattu et réprimé au même titre que l'antisémitisme ou le (véritable) racisme anti musulman ou anti-noir.

Le manque de réaction des autorités est inquiétant : par laxisme, elles laissent passer des écrits, des propos, des colloques qu'elles ne tolèreraient pas (avec raison) s'ils provenaient d'antisémites ou d'antimusulmans. On ouvre une enquête sur Éric Zemmour pour des propos un peu excessifs, mais dont la virulence n'a rien à voir avec celle de nombreux racialistes. Nous tolérons l'intolérable et nous admettons sans réagir une forme aiguë de maccarthysme dirigée contre les « Blancs ». Il n'y a pas de bon racisme. Quelle que soit sa forme, il est toujours une insulte aux droits de l'Homme et aux valeurs de la République.

Or un rappeur qui appelait à tuer des bébés blancs n'a été condamné qu'à une peine symbolique. Il a vite récidivé avec un rap au contenu tout aussi choquant. Si un Caucasien avait proposé de fracasser le crâne d'enfants noirs contre des murs, il n'aurait pas échappé (heureusement) à la prison. De même, il n'est pas normal qu'une association interdise par la force une pièce de théâtre d'Eschyle sous le prétexte ridicule que les acteurs (blancs) mettaient un masque noir pour symboliser les Égyptiens. Et il n'est pas admissible que des activistes veuillent mettre fin à l'exposition Toutankhamon, car ce pharaon serait considéré à tort comme blanc (et non comme noir) par les organisateurs : ils s'appuient pourtant sur les analyses génétiques effectuées sur la momie du souverain égyptien. Une association ou un syndicat étudiant qui interrompent une pièce de théâtre sous un prétexte absurde devraient en bonne logique être immédiatement dissous, comme le serait une organisation d'extrême droite qui perturberait un spectacle progressiste. Il n'y a pas deux types de libertés, mais une seule, qui n'est ni de Gauche ni de Droite, seulement constitutionnelle. Chaque acte raciste qu'on laisse passer renforce le désir de sécession de certains « Français de Souche ».

De même dénoncer une imaginaire discrimination en comptant les acteurs noirs dans les films français est profondément raciste. Celui qui oserait se plaindre que l'équipe de football de la France n'a pas assez de titulaires blancs serait bien entendu condamné alors que les deux démarches sont aussi odieuses, car raciste.

Le rejet de la laïcité

La laïcité, c'est-à-dire la neutralité de l'état face aux religions et aux communautés, est remise en question alors que les « Blancs » et les assimilés habitant en France y voient le fondement de leur manière de vivre. Cette neutralité n'existe pas dans d'autres pays Occidentaux comme la Grande-Bretagne ou le Canada : dans ces états les fonctionnaires ont le droit de conserver des symboles religieux (Turban sikh, foulard islamique, croix) pendant leur travail. Le Royaume Uni a connu des dérives en grande partie dues à la reconnaissance du multi-communautarisme au sein des forces de l'ordre : la police britannique a longtemps refusé d'enquêter sur des gangs indo-pakistanais qui prostituaient et violaient des milliers de jeunes blanches. Plus grave encore : les enquêtes administratives sur ces dysfonctionnements ont été étouffées par les autorités.

Convergence des reproches adressés aux « Blancs »

Les « Blancs » et les « Occidentalisés » subissent une double offensive dont les buts convergent : d'une part, les musulmans rigoristes veulent interdire toute critique de l'Islam et souhaitent réintroduire la notion de blasphème, comme le prouve l'affaire Mila. D'autre part les « Caucasiens » subissent les attaques des organisations de défense de la communauté noire ou des partis racialistes comme le P.I.R (parti indigène de la République) fustigent un imaginaire racisme d'état. Les deux visent à culpabiliser les « Blancs », à les rabaisser, à les convaincre qu'ils ont commis des crimes ethniques abjects, qu'ils sont moralement inférieurs aux autres ethnies, qu'ils sont des parias, des souchiens (sous-chiens ?) selon un jeu de mots choquant d'une égérie du P.I.R et qu'ils doivent des « réparations ». Il faut balayer ces billevesées, et surtout ne jamais mettre le doigt dans l'engrenage en entamant une quelconque discussion avec ces groupuscules si agressifs, aux idées totalitaires, racistes et qui pour finir rejettent l'égalité entre les humains.

Une solution inadmissible et raciste : la remigration

Dans les milieux proches de l'extrême droite, un fantasme dangereux et intolérable est régulièrement évoqué : la remigration, c'est-à-dire l'expulsion des descendants d'immigrants non européens. Cet exode massif ne pourrait pas, bien entendu, se mettre en place sous un régime démocratique, seulement sous une dictature implacable. Cette solution est raciste et choquante et comme nous l'apprend l'Histoire, elle provoquerait de nombreux morts et une multitude de tragédies humaines. Rappelons les exemples déjà évoqués : au Sri Lanka, la déportation pacifique de 60% des tamouls Indiens a échoué. Il est de même pour la remigration des Indiens hors des Fidji en 1946. L'exode des Allemands à la fin de la seconde guerre mondiale s'est accompagné du décès de 500 000 personnes sur un total de 14 millions de déplacés. En Afrique, les expulsions récurrentes d'immigrés au Nigéria, en Afrique du Sud ou en Ouganda ont provoqué à chaque fois le décès de plusieurs milliers de personnes. En 1947, dans l'ancien Empire des Indes, plus d'un demi-million d'Hindous et de musulmans ont été tués lors des déplacements de population consécutifs à la partition. Le constat est le même pour les expulsions antiques des Juifs et des Morisques de la péninsule Ibérique. La mort accompagne toujours la remigration. En fait, les milieux d'extrême droite voient l'expulsion des descendants d'immigrés comme une revanche sur l'exode des pieds-noirs d'Algérie. Un million de citoyens français ont dû quitter précipitamment le pays où ils étaient nés. Doit-on pour autant imiter le FLN dont les méthodes ont un fort relent raciste ?

Comment mieux intégrer les minorités ?

Comme l'a montré la première partie de mon ouvrage, l'existence même de minorités implique le plus souvent des heurts intercommunautaires qu'il est toujours difficile de combattre. Cela ne doit pas nous empêcher de mener à bien quelques réformes susceptibles de diminuer les tensions et les ramener, qui sait, en dessous du seuil critique, même si cet objectif sera difficile à obtenir.

Le statut coranique.

Pour satisfaire les musulmans radicaux, qui sont, comme je l'ai déjà dit « inassimilables » (sans aucune connotation péjorative de ma part), je propose un compromis : instaurer un statut coranique, sur le modèle de celui qui existait dans nos colonies et qui a prévalu à Mayotte jusqu'en 2010. Il est d'ailleurs prévu par un article de la constitution de 1958 : les citoyens de la République française qui n'ont pas le statut de droit commun conserve leur statut particulier tant qu'ils n'y ont pas renoncé. Il ne s'agirait donc en aucune façon d'une innovation législative : nous ne ferons que réactiver un principe constitutionnel inhérent à la troisième, à la quatrième et à la cinquième République. Le statut coranique serait limité aux effets civils et intégrerait toutes les dispositions de la Charia qui ne sont pas contraires à notre constitution et au droit européen : il est hors de question, par exemple, qu'une fille touche une part d'héritage minorée de moitié par rapport à celle de ses frères. On recrutera un nouveau type de fonctionnaire, les cadis. Ils jugeront les litiges civils de peu d'importance entre plaignants de même statut coranique Toutes les dispositions spécifiques seront votées par le Parlement ; aucune évolution même de peu d'importance ne sera possible sans une sanction démocratique de l'ensemble des élus ; les cadis s'occuperont également des contrats de mariage entre conjoints musulmans et des formalités de divorce. Bien entendu, les droits des femmes en cas de séparation seront scrupuleusement respectés (on n'appliquera surtout pas la Charia sur ce point). Et surtout elles pourront toujours faire appel à la législation commune, même si leur conjoint n'est pas d'accord.

En effet, un musulman n'aura pas automatiquement le statut coranique, il devra le demander (sans condition de religion, même un catholique pourra l'obtenir s'il le souhaite) et il aura le droit à tout moment de revenir au statut commun par simple déclaration à la mairie. Un enfant dont les deux parents ont le statut coranique l'aura automatiquement dès sa naissance. Si un seul des deux l'a, il aura le statut commun, mais, tant qu'il est mineur, son parent de statut coranique pourra demander à un juge qu'il relève du même statut que le sien. De même si l'un des deux parents abandonne le statut coranique. il pourra déposer au tribunal une requête afin que son enfant change également de statut. Dans les deux cas, le juge décidera après avoir entendu le deuxième parent, l'enfant s'il est capable de discernement et avoir examiné les intérêts en jeu.

Il faut à tout prix proscrire le modèle de la Grèce : elle appliquait jusqu'en 2017, la Charia dans son intégralité à tous les musulmans de Grèce, même contre leur gré, au grand dam de la Cour européenne des droits de l'Homme. Alors que, suite au traité de Lausanne de 1920, la Charia ne concernait que les Turcs restés en Thrace Grecque, les muftis ont de leur propre initiative étendu leur champ de compétence à l'ensemble des fidèles et même aux couples mixtes chrétiens-musulmans sans que le Parlement d'Athènes ne soit consulté : une monstruosité juridique ! Depuis 2017, les musulmans hellènes peuvent désormais faire appel aux lois communes s'ils le souhaitent. Il faut également rejeter le modèle Britannique : Outre-Manche, on entérine, lors des divorces, des arbitrages privés prononcés par des tribunaux informels qui appliquent la Charia, mais sans suivre de règles définies, car il existe en Islam 4 écoles juridiques différentes dont les avis

divergent parfois totalement. Les femmes divorcées musulmanes sont systématiquement défavorisées au Royaume Uni, un scandale raciste révoltant !
Le statut coranique sera accordé en échange d'une lutte accrue et radicale contre les incivilités visant les femmes non voilées, les filles aux tenues jugées trop légères, les musulmans ne faisant pas le ramadan. Ces attaques inadmissibles, révoltantes ne sont pas actuellement sanctionnées autant qu'il le faudrait (voire pas du tout !) Il convient de les transformer en délits assimilés au racisme puisque les contrevenants assignent à une personne qu'ils ne connaissent pas nécessairement sa religion suivant son aspect physique et exigent d'elle qu'elle applique la forme la plus rigoriste de sa foi présumée. De même, il faut légiférer pour interdire toute poursuite judiciaire visant des critiques contre la religion ou les rites musulmans : il faut arrêter dès le départ tous les procès comme ceux intentés contre George Ben Soussan, parce qu'il avait affirmé que l'antisémitisme rongeait les familles maghrébines, contre Michel Houellebecq qui avait écrit dans son roman *plate-forme* que l'islam était la religion la plus con, contre Isabelle Kersimon qui critiquait la méthodologie du CICF. De toute façon, les juges appliquant le droit français et non la charia, les prévenus lors de ces procédures iniques sont régulièrement relaxés.

Bien entendu, toute injure ou acte visant un musulman du fait de sa foi restera pénalement condamnable. Dire à un croyant « Tu es un imbécile, car tu fais cinq prières par jour » entraînera toujours des poursuites judiciaires. Mais comme l'a rappelé si justement Henri Peña-Ruiz à la tribune de LFI, critiquer l'Islam, son Prophète, ses rites ou ses dogmes est légal et cette liberté constitutionnelle doit être conservée et soigneusement préservée. Personne ne s'offusque des attaques contre le catholicisme : dans les médias on ne cesse de remettre en question le célibat des prêtres ou les positions de l'Église sur la sexualité souvent en termes véhéments tandis que certains humoristes se moquent ouvertement des catholiques en les assimilant à des benêts ou à des pédophiles. Tous les cultes doivent être traités de la même façon. Pour ma part, je considère que si, profitant de notre faiblesse, les musulmans réussissaient à imposer une loi réprimant les blasphèmes, notre pays subirait une défaite pire que celle de juin 1940 et qu'elle dirait adieu à la démocratie. Pour ces raisons, une révision de la constitution et l'inscription dans celle-ci du droit au blasphème et à la critique des religions me paraît indispensable pour nous protéger d'une dérive inquiétante et empêcher qu'une majorité de circonstance ne vote des lois liberticides en échange de l'appui de quelques députés islamiques au reste de sa politique. Nous ne devons en aucun cas nous aligner pas sur l'Autriche où une militante du parti d'extrême droite FPÖ a été condamnée pour avoir traité de pédophile le Prophète Mahomet. Elle lui reprochait d'avoir épousé sa dernière femme Aïcha à 6 ans et d'avoir consommé le mariage à 9 ans. Pour ma part, je n'accuserai pas le Prophète de ce vice, car son époque diffère trop de la nôtre pour que nous appliquions nos critères moraux ; encore une fois, toute opinion (sauf celles qui sont *réellement* racistes) est acceptable et qu'aucune restriction à la liberté de pensée ne doit être tolérée.

Quant à la question du voile si sensible, qui donne lieu aux accusations récurrentes d'islamophobie, la position actuelle me paraît équilibrée : les musulmanes fonctionnaires n'ont pas le droit de l'arborer pendant le service et les entreprises peuvent le proscrire pour leurs employées qui se trouvent au contact du public. Nous n'avons surtout pas à tenir compte des avis de ceux qui dénoncent la France pour une prétendue intolérance au voile, mais ne protestent pas quand l'avocate iranienne Nasrin Sotoudeh est condamnée à 10 ans de prison et à 148 coups de fouet pour débauche, en réalité pour avoir défendu des femmes mal voilées, attaquent Mila et semblent justifier son égorgement, voire s'offusquent quand M. Macron reçoit Asia Bibi, la chrétienne pakistanaise chassée par la haine des musulmans de son pays. L'hypocrisie a des limites. L'ONU qui a récemment condamné la France pour une prétendue discrimination vestimentaire s'est discréditée en laissant l'Iran tranquille, montrant que ses avis n'ont aucun fondement juridique ni aucune légitimité éthique.

La mise en place du statut coranique désarmera en partie la violente hostilité que certains croyants radicaux éprouvent à notre égard sans rien retirer aux non-musulmans et sans faire courir de risque à l'unité nationale si les règles sont bien définies au départ et si on s'y tient. Elles permettront pour les musulmans intégristes qui le souhaitent, leur épanouissement dans l'Islam qu'ils ont choisi sans que cette religion n'empiète sur la société française ou ne remette en cause notre laïcité.

Les Français d'origine africaine

Rien de similaire au statut coranique ne peut être mis en place pour la communauté noire si ce n'est une politique sociale et de redistribution commune à tous et qui se situe hors de tout contexte religieux ou ethnique. Le dédommagement pour l'esclavage réclamé par des organisations noires comme le CRAN n'est en effet pas pertinent pour les raisons que j'ai déjà données. Dans le même ordre d'idée, contrairement aux préconisations du PIR, les descendants d'habitants du Maghreb et les Franco-Africains n'ont pas à être indemnisés pour la colonisation de leur pays d'origine : le bilan économique de celle-ci est probablement équilibré ; les dépenses de la France pour ses colonies ont sans doute été égales aux recettes qu'elle en a tirées. D'autre part notre pays verse des aides au développement à un grand nombre de ses anciennes possessions et annulent régulièrement leurs dettes lorsqu'elles sont prises à la gorge par les remboursements de prêts internationaux.

Nous n'avons pas non plus à reconnaître une imaginaire persécution de la minorité noire, car la ségrégation n'existe pas chez nous. Contrairement à l'Afrique du Sud d'avant 1991 ou l'Amérique d'avant 1960 il n'existe aucun endroit où un homme de couleur serait refoulé. Il n'y a pas non plus de racisme d'état dans la police même si nous ne sommes pas à l'abri de (nombreux ? isolés ?) dérapages individuels.

Néanmoins, restaurer le lien distendu entre la police et les jeunes est indispensable : généraliser les caméras portatives par les forces de l'ordre, faciliter les plaintes de ceux qui s'estiment victimes de brimades policières est sans doute les priorités des priorités, pour ne plus donner aucune prise à ce racialisme si populaire dans les minorités noires et musulmanes.

Les problèmes sociaux

Les communautés d'origine africaine ou maghrébine sont sans conteste plus pauvres que l'ensemble des Français. Remédier à ce problème ne sera pas simple : la France a depuis 30 ans essayé maints plans banlieues, ils ont tous échoué. Continuer à déverser des milliards en vain est sans doute peu judicieux.

En fait une bonne part de nos problèmes intercommunautaires vient des difficultés économiques qui nous accablent et de la crise qui sévit depuis 1974. Si le chômage redescendait en dessous de la barre des 5 % le sort des minorités s'améliorerait et les tensions ethniques baisseraient probablement ; malheureusement notre pays n'arrive pas à tutoyer le plein-emploi, comme le font l'Allemagne et la Grande-Bretagne. Les gouvernements se succèdent et échouent. Néanmoins, la France a une politique de redistribution sociale plus développée que celles de ses voisins de l'U.E ce qui permet de limiter l'explosion sociale.

Réformer la politique scolaire

Nombre de jeunes noirs et musulmans sont titulaires de diplômes de peu de valeur ou sont en échec scolaire, ce qui rend problématique leur insertion dans le marché de l'emploi. C'est sans doute la raison principale (et de loin !) de la pauvreté plus importante de ces communautés, au-delà d'une hypothétique discrimination à l'embauche. L'ascenseur social est en panne et il l'est pour tous, quelles que soit la « race » ou « l'ethnie ». Les « blancs » des banlieues sont tout aussi bloqués au bas de l'échelle sociale que leurs camarades musulmans ou noirs. Ces difficultés sont dues en grande partie au refus de voir la réalité scolaire en face et par les multiples mensonges qu'on déploie pour éviter de la prendre en compte. Sur 800 000 jeunes qui composent une génération, seuls 250 000 trouveront des emplois de cadres rémunérés au-dessus du salaire moyen. Or l'enseignement est organisé comme si les 450 000 masters2 réussiront tous à décrocher des postes correctement payés. Malheureusement, 200 000, près de la moitié, resteront sur le carreau. Le gâchis et la rancœur sont au bout de cette illusion : combien de masters2 ne trouvent de débouchés que dans des chaînes de friterie ? On reproche à notre système scolaire d'être sélectif. En fait, il ne l'est pas assez : quand un employeur a le choix entre deux postulants, il choisit celui qui dispose d'appuis et de recommandations, c'est-à-dire en priorité celui dont les parents appartiennent aux catégories sociales aisées (blanches ?). Il existe en outre un déficit d'information. Seuls les initiés connaissaient les bonnes filières, celles qui donnent accès aux meilleurs emplois. Le coût excessif de certaines écoles (parfois plus de 17 000 € par an) est également un scandale qui accentuent les privilèges des enfants de l'élite et rien n'est fait pour lutter contre cette dérive.

Nous pourrions nous inspirer des méthodes du Général de Gaulle et de Michel Debré qui avaient le souci de la justice sociale ; ils ont démocratisé lycées et collèges et les ont ouverts aux fils et filles d'ouvriers. Dans les années 1960-1980 l'ascenseur social fonctionnait mieux que maintenant, car le système n'était pas encore sclérosé par l'argent, était ouvertement sélectif, basé en partie sur les mathématiques, une des rares matières ou les enfants des classes dominantes n'aucun avantage par rapport aux élèves d'origine modeste.

Nous pourrions également nous aligner sur le système allemand qui permet à beaucoup d'étudiants de trouver du travail. Il est divisé en trois filières dès la sixième avec de nombreuses passerelles entre elles, les élèves de la filière technique étant rémunérés. La réforme Haby avec la création du collège est sans doute responsable du marasme scolaire actuel.
Mais surtout il faut faire en sorte que l'enseignement primaire et secondaire soit le même partout en France en s'alignant sur le haut et non sur le bas. Rétablir l'ordre dans toutes les écoles et tous les collèges devrait être le souci principal du ministre de l'Éducation nationale. Combien de cours sont inaudibles du fait de l'agitation des élèves ? Comment un enfant dont les parents sont venus d'Afrique pourra-t-il devenir cadre s'il ne reçoit qu'un enseignement haché par les perpétuels rappels à l'ordre de ses professeurs ? Son camarade qui appartient à la classe aisée blanche approfondit lui des notions compliquées dans le calme de son cours privé. Selon les classements internationaux, seule la Tunisie nous dépasse pour l'intensité du bruit en classe ! Voilà la première et la plus fondamentale des inégalités.
Il n'y a pas de recettes miracles pour faire cesser le chahut permanent, au vu de la dégradation actuelle et des mauvaises habitudes prises ; il faudra lutter avec une détermination sans failles. Les enseignants devront être soutenus et non accablés. Actuellement, trop de proviseurs les culpabilisent, les traitent de mauvais professeurs qui ne savent pas tenir leurs classes , grâce à ces critiques, ils ont ainsi la paix et leur personnel n'ose plus se plaindre. Nous ne pourrons éviter la répression qui passera par de nombreuses exclusions. Actuellement, il faut qu'un élève dépasse les bornes pour être sanctionné.

Et un renvoi d'un collège ou d'un lycée est d'abord un échange de perturbateurs entre établissements. Il n'a donc aucun sens. Il faut cesser d'être paralysé par les droits des agitateurs. Les maintenir en classe n'apporte rien aux intéressés tout en provoquant de graves dégâts collatéraux. Combien de jeunes sont privés d'un enseignement correct par la faute d'un seul de leurs camarades ? Faut-il attendre qu'un étudiant porte plainte contre l'État et demande une indemnisation conséquente pour que les pouvoirs publics réagissent enfin ? Le succès du privé ne tient pas à la qualité de ses enseignants, mais au fait qu'il n'a aucun état d'âme à se séparer des perturbateurs. Le public devrait suivre son exemple : chaque enfant aurait droit à une chance et une seule. Au bout de deux renvois, il serait retiré du circuit normal, et placé dans des structures à part où il serait encadré par des professeurs spécifiques.

La discrimination positive sur des critères raciaux telle qu'elle est pratiquée aux USA est un remède pire que le mal. Aux États-Unis les Caucasiens et les Asiatiques sont désavantagés du fait de la couleur de peau. On fait des tests dans le seul but de se trouver un ascendant amérindien, hispanique ou noir pour augmenter ses chances d'entrer à l'université. C'est tout bonnement abject. En revanche un coup de pouce basé sur des critères uniquement sociaux et sur la sélection des meilleurs serait une bonne chose. Pourquoi ne pas réserver 20 % à 25 % des places dans les formations qui permettent d'intégrer l'élite aux boursiers et aux étudiants issus des classes défavorisées ? Les heureux élus seraient déterminés à l'issue d'un processus transparent basé entièrement sur le mérite, (donc sur concours !), non sur une illusoire sélection sur dossier et surtout pas sur l'origine ethnique.

Cette politique scolaire novatrice quoique « réactionnaire » est essentielle pour désamorcer la bombe sociale qu'est l'échec scolaire et qui concourt tant au ressentiment des minorités noires ou musulmanes. Malheureusement, elle mettra des années (voire des décennies) à porter ses fruits et cela ne doit pas nous décourager à les mettre en œuvre. Au-delà de ces réformes indispensables, il faut également lutter avec fermeté contre le refus de « l'école blanche » qui agitent les minorités noires ou musulmanes. L'enseignement français n'est pas raciste, c'est l'auto-exclusion pour des raisons douteuses qui l'est. Ce rejet de l'instruction, de la langue du « colonisateur » a des conséquences catastrophiques et induit une bonne part des problèmes que rencontrent notre pays. Ses fruits amers sont un déficit d'éducation pour près de 200 000 jeunes chaque année. L'auto-exclusion les empêche de s'intégrer et d'avoir un avenir professionnel. De ce fait, la fracture s'élargit entre « Caucasiens » et les autres minorités. Il faut donc prendre le problème à bras le corps avant que le fossé ne devienne infranchissable.

La guerre civile qui vient

Nous sommes à l'instar d'autres pays européens au bord de la guerre civile. Gérard Collomb qui a été ministre de l'Intérieur d'Emanuel Macron nous a mis en garde contre un tel conflit. On peut, vu ses fonctions antérieures, accorder du crédit à ses propos.

Les tensions sont en effet de plus en plus vives. En réponse aux 263 morts provoqués depuis 2015 par les attentats islamiques, un identitaire, qui s'est radicalisé en France, a massacré 50 musulmans innocents à Christchurch en mars 2019, en Allemagne un homme a, à la fin d'avril 2019, foncé avec sa voiture dans une foule de musulmans présumés, en France, en octobre 2019, un « déséquilibré » de 80 ans a blessé deux fidèles de la mosquée de Bayonne. Enfin en février 2020, un extrémiste allemand a assassiné 9 musulmans. Ces représailles et les incessants attentats islamiques montrent la gravité de la situation. Les réactions sur les réseaux sociaux sont également inquiétantes : l'incendie de la cathédrale Notre-Dame à Paris a été salué par des centaines de cris de joie sur twitter, Une responsable de l'UN.E.F a proposé à gazer les Blancs (pour rire ?) sans être poursuivie, des inconscients se sont réjouis du massacre de Nouvelle-Zélande, comme je l'ai déjà souligné ; des milliers de musulmans ont appelé sur les réseaux sociaux à égorger la jeune Mila coupable de blasphème. Pour l'instant, la violence reste contenue à un bas niveau et ne fait qu'un nombre limité de victimes. Va-t-elle stagner ? Croître ? Va-t-elle disparaître au fil des années ou s'accentuer jusqu'à un point de non-retour ?

Pour ma part, je suis pessimiste : les attentats qui se sont succédé en France depuis 2015 sont les préludes d'une guerre multiforme qu'aggravera l'explosion des banlieues. De plus en plus de zones en France seront soustraites au contrôle de l'État central, les règlements de comptes entre bandes rivales feront de plus en plus de victimes. L'impuissance actuelle de la police est frappante : dans beaucoup de territoires (150 selon le décompte d'un magazine), elle ne peut venir qu'en force et ses descentes souvent ne servent à rien puisque les trafics repartent dès qu'elle est partie. En outre, la crise de gilets jaunes qui dure depuis novembre 2018 montre la faillite de l'autorité de l'État qui n'arrive pas certains samedis à mettre fin aux pillages. Nous avons eu une première alerte en 2005, lorsqu'il a fallu proclamer l'état de siège pour venir à bout des émeutes provoquées par la mort de trois jeunes électrocutés dans un transformateur. De tels incidents peuvent se reproduire à tout moment et avoir des conséquences cataclysmiques. Incendies, pillages seraient le lot de notre pays et la police débordée ne pourra pas faire face. L'intervention inévitable de l'armée risque d'aggraver la crise d'autant plus que nos soldats ne sont pas sûrs en cas de guerre ethnique ou religieuse, 20 % de ses recrues étant d'origine musulmane. Resteront-elles fidèles ? Se mutineront-elles et rejoindront-elles avec leurs armes les émeutiers ? Et verra-t-on se créer des milices identitaires qui prêteront main-forte aux forces de l'ordre tant celles-ci seront débordées ? Ces escadrons prendront-ils un tel poids dans la répression qu'ils deviendront incontournables pour élaborer une solution politique au conflit ? Ces groupements nationalistes existent déjà en Suède ou en Allemagne où ils commettent des attentats racistes. En France des identitaires ont fermé la frontière avec l'Italie sous prétexte que les autorités étaient trop laxistes avec les migrants venus d'au-delà des Alpes. Il y a dix ans, le mouvement nationaliste était quasiment inexistant dans notre pays. Ce n'est plus le cas de nos jours. Beaucoup fourbissent leurs armes dans l'attente d'une explosion qu'ils estiment (avec raison ?) inévitable.

Que faudrait-il faire pour éviter ce conflit catastrophique ? J'ai déjà évoqué la politique sociale qu'il faudrait selon moi mettre en place. Malheureusement, elle ne produira des effets qu'à long terme et, bien entendu, elle ne pourra pas à elle seule empêcher la cocotte-minute d'exploser, loin de là : le social est souvent incapable de venir à bout d'un problème politique. C'est ce qu'a compris De Gaulle en Algérie, après que la France ait massivement et vainement

investi dans sa colonie sans que les Algériens ne se détournent du FLN.
Il faudrait surtout que les autorités regardent en face la situation dangereuse qui prévaut en France et ne la nient plus. Rien n'est plus absurde que la réaction du secrétaire à l'Intérieur Laurent Nunez après la mise en garde de Gérard Collomb : pour lui la France n'a rien à craindre des banlieues vu l'énergie positive qu'elles émettent ! Des paroles bien pensantes qui n'ont strictement aucun sens et marquent une terrible cécité. La répression et la reconquête des territoires perdus de la République sont nécessaires afin que la loi reste la même partout en France et qu'il n'y ait plus de zones de non-droit. C'est une tâche difficile (insurmontable ?), mais elle doit malgré tout être entreprise en réorganisant nos forces de l'ordre, en doublant voire en triplant le nombre de places en prison, en demandant un soutien croissant à l'armée, en réintroduisant en partie les lois du Front populaire (qui permettaient d'expulser les délinquants étrangers les plus endurcis), en n'hésitant pas pour les cas les plus graves devant la déchéance de nationalité, en s'inspirant des lois Pasqua et en modulant le droit du sol, en généralisant le port de bracelets électroniques par ceux qui sortent de prison pour pouvoir observer tous leurs faits et gestes. L'idéal serait que ceux qui violent la loi aient systématiquement une seconde chance, mais que s'ils persistent dans leurs erreurs, les châtiments les plus sévères s'abattent sur eux.
Vu le changement de paradigmes que je propose, il faudrait sans doute consulter les Français par referendum. À eux de décider si la déchéance de la nationalité peut être envisagée dans certains cas ou si elle est une horreur absolue qu'il faut éviter à tout prix. Ce n'est surtout pas au

microcosme intellectuel parisien qui vit dans des ghettos pour riches de décider pour le Peuple.
Voilà les mesures qui me semblent nécessaires et indispensables. Rien ne dit qu'elles seront efficaces tant la situation est dégradée, mais que risquons nous à les essayer du moment que nous maintenons des garde-fous démocratiques ? Malheureusement, nous manquons de volonté politique, nous sommes paralysés par le « terrorisme » intellectuel de la gauche qui crie à la dictature devant la moindre proposition de bon sens, tout en laissant de véritables fascistes pulluler et terroriser la société. Sans doute rien ne sera fait avant tout n'explose.

Chapitre VI

Le repli identitaire des « Français de Souche »

L'exaspération des « blancs »

Agressés par les racialistes et leurs complices progressistes qui relaient leurs délires, harcelés par les exigences des musulmans rigoristes qui veulent remodeler la société française selon leurs critères religieux, effrayés par les attentats islamiques, craignant d'être submergés par une immigration incontrôlée, confrontés à une délinquance qu'ils attribuent (à tort ?) aux jeunes des minorités extra-européennes, nombre de « Français de Souche » se raidissent, se sentent rejetés et ne se reconnaissent plus dans le discours lénifiant du « vivre ensemble ». Une pancarte qui a beaucoup choqué brandie fin octobre par une femme voilée, invitait ceux que son hidjab dérangeait à quitter la France. Cette injonction a été souvent perçue comme une intolérable agression et fera sans nul doute beaucoup de dégâts. Elle est un brandon de guerre civile. Le slogan du temps des guerres coloniales « la valise ou le cercueil » serait-il de retour ? Les « Français de Souche » seront-ils expulsés de leur propre pays ?

Selon un sondage opportunément brandi, la tolérance progresserait en France. Est-ce vraiment la vérité ? Peu de sondés osent admettre devant des enquêteurs qu'ils ne partagent pas les valeurs bien pensantes. Ainsi, selon un sondage effectué en 2019, 80 % des Allemands affirmaient ne pas être libres d'exprimer leur opinion. En réalité la réticence, la méfiance, le ressentiment envers les groupes minoritaires est sous-jacent chez les « Blancs » et assimilés. Pour s'en convaincre, il suffit d'écouter les conversations dans les familles ou de lire les commentaires des sites Internet. Une colère (haine ?) multiforme effleure souvent dans les unes et les autres et l'exaspération d'une partie de la population « blanche » ou assimilée est réelle. L'éducation, « la pédagogie » sont impuissantes à dissiper ces sentiments de rejet, au contraire ils les exacerbent en niant leurs fondements et en retirant aux « Blancs » le droit à la différence. On peut le regretter, mais c'est ainsi.

Comme je l'ai répété (et j'espère, prouvé) la xénophobie, le refus de l'autre et de ses différences sont malheureusement des préjugés courants difficiles à combattre, même quand rien de fondamental ne sépare deux communautés. Ils deviennent impossibles à endiguer si un groupe se sent contesté dans sa façon de vivre.

Une autre preuve de cette exaspération grandissante des « Blancs » nous est donnée par l'élection de Trump aux USA en 2016 ; elle est due selon beaucoup de commentateurs à une réaction des « petits Blancs » (les *lamentables* de Mme Clinton la candidate démocrate pour l'élection présidentielle américaine de 2016) ; ils se sentaient méprisés par l'établissement mondialiste et par les prétendues élites des USA ; ils refusaient de devenir minoritaires dans leur propre pays. L'autre côté de l'Atlantique évolue-t-il différemment que l'Europe ? Sans doute pas !

Sourdes à cette colère, les autorités de notre pays proposent depuis les années 1970, le multi-communautarisme comme modèle exclusif de société en nous vantant ses mérites et en dénigrant ceux qui sont réticents à le mettre en pratique. Certes une partie des grandes puissances qui se sont succédé au cours de l'Histoire étaient multi-ethniques (Empire Perse, Empire romain, Califat de Damas, Califat de Bagdad, Al Andalus, Empire Ottoman…). Comme je l'ai déjà dit, dans ces nations « arc-en-ciel », les communautés qui les composaient ne vivaient pas ensemble, mais côte à côte, à part, souvent dans des quartiers ou des zones spécifiques. Ces états multicommunautaires n'étaient que la juxtaposition de « réserves » aux lois particulières. Ils étaient régulièrement secoués par des émeutes ou des pogroms. Il n'y a jamais eu, j'insiste sur le jamais, de paradis multi-ethnique ou multi-religieux. Même celui où la fusion entre ses diverses populations était la plus avancée, l'Empire romain, a connu une succession d'émeutes et de conflits ethniques : Juifs contre Grecs en Égypte, Samaritains contre Juifs en Palestine, Donatistes contre Catholiques en Afrique du Nord... Louée par les bien-pensants pour sa société tolérante, Al-Andalus est un mythe qui ne résiste pas à un examen historique : comme je l'ai déjà dit, les chrétiens des états musulmans de la péninsule Ibérique étaient persécutés et ont fini par tous s'exiler. 4 000 juifs ont été égorgés lors d'un pogrom à Grenade en 1066. Les non musulmans vivaient un Apartheid encore plus odieux que celui en place entre 1946 et 1991 en Afrique du Sud.

Il existe un facteur aggravant de l'instabilité qui guette notre pays : dans les exemples anciens d'états multicommunautaires le groupe dominant a toujours imposé ses vues et une forme d'unité, même s'il reconnaissait en partie les particularismes des autres

ethnies ou religions. L'Empire romain, par exemple, a créé partout des cités qui étaient en plus petites la réplique de l'*Urbs* ; il a rendu obligatoire le culte impérial comme ciment de l'état ; si les chrétiens ont été persécutés, c'est avant tout parce qu'ils refusaient de participer à ce dernier. Dans la France de 2020 ce sont les minorités (moins de 12 % de la population) qui veulent imposer leur idéologie et leurs valeurs. L'unité dont le multi-communautarisme a besoin pour fonctionner à minima (mais non sans heurts !) est mise en pièces par les coups de boutoir qu'on lui porte ; malheureusement, ces attaques dont est victime « l'ethnie » majoritaire renforcent chez elle le désir de se replier sur ses valeurs, alors que dans les sociétés multicommunautaires du passé, cette tentation n'était présente que chez les groupes minoritaires.
Mme Merkel, la chancelière allemande a ouvert son pays aux réfugiés Syriens. Pourtant elle a reconnu en 2010, puis en décembre 2015 que le multi-communautarisme avait totalement échoué et qu'il était un leurre. On ne peut que lui donner raison quand on voit les terribles réactions identitaires qui ravagent l'Allemagne de 2020.

Vers les réserves pour Français de souche ?

Pour toutes ces raisons, je redoute qu'après une ou deux décennies d'une guerre civile larvée ou ouverte, la France ne devienne une sorte de confédération regroupant trois types de territoires : les enclaves islamiques où la charia sera appliquée dans son intégralité, des zones réservées aux Français de Souche les plus extrémistes et le reste du pays qui conserverait notre cadre de vie actuel. Je ne valide pas cette idée, même si j'ai parlé d'introduire le statut coranique. Dans mon esprit, ce dernier serait limité aux effets civils, nos principes constitutionnels ne seraient en aucun cas bafoués et les forces de l'ordre continueraient à exercer leurs prérogatives dans les zones musulmanes : dans le modèle que je mets en avant, l'unité de la France serait donc intégralement préservée.

Je me répète pour qu'il n'y ait aucune ambiguïté et que les lecteurs ne croient pas que je sois favorable à l'établissement de réserves pour Blancs : je préfère (et de loin !) une France unifiée offrant aux musulmans sur quelques points bien circonscrits des droits particuliers comme notre pays l'a déjà fait dans le passé, une France qui combattrait avec la même vigueur le racisme anti musulman, anti-noir ou anti-rom que les délires racistes des islamistes ou des racialistes, une France où les organisations qui déraperaient seraient dissoutes, où celui qui appelle à tuer ou à gazer des Blancs irait en prison (voire serait expulsé s'il n'a pas la nationalité française), où les autorités ne laisseraient plus dire sans réagir qu'elles pratiqueraient un racisme d'état purement imaginaire. Si je présente les « réserves » blanches, si je m'efforce d'expliquer leurs racines, si j'insiste tant sur elles, c'est qu'elles ont de grandes chances de se mettre en place si la politique actuelle ne change pas du tout au tout. Les crises souvent sont prévisibles, même si on ne voit pas toujours comment les éviter. Dès 1850 la Guerre de Sécession semblait inéluctable aux USA, malgré les innombrables compromis boiteux mis en place pour la prévenir. Dès 1913 ou 1938, les Européens savaient que les deux conflits mondiaux allaient éclater, même si personne n'en imaginait la sauvagerie. Nous sommes dans la période douloureuse « de l'avant » celle qui précède les grands troubles.

Le morcellement du territoire de la République Française en 3 entités si elle doit se produire (le pire, heureusement, n'est jamais sûr !) interviendrait à la fin d'un interminable conflit où l'État français se montrera incapable de venir à bout des rebelles des deux bords, comme il n'a pas pu mettre fin à l'insurrection du FLN pendant la longue guerre d'Algérie (8 ans !). Ce découpage en zones apparaîtra peut-être comme la seule solution pour ramener la paix et pour que chacun puisse vivre comme il l'entend. Sera-t-il mis en place par des négociations ou comme au Liban, en Bosnie ou au Kosovo à l'issue d'épurations ethniques sauvages qui créeront des territoires à la population homogène ? Sera-t-il informel sans traité pour le définir ? Sera-t-il géré selon des règles empiriques tirées de l'expérience ? Ou sera-t-il organisé plus minutieusement par des accords signés entre les diverses communautés ? La France contiendra-t-elle en son sein deux nouvelles entités autonomes et reconnues internationalement ? Verra-t-on par exemple concourir au championnat d'Europe de football une équipe « française de souche » et une équipe islamique ? Sans doute pas ! Mais beaucoup de dérives sont possibles tant nos compatriotes sont divisés et que l'intolérance ne cesse de monter au sein de diverses communautés de notre pays.

Si la partition se produit, elle se fera plutôt sur le modèle de l'ancienne Afrique du Sud, avec des zones de résidence à statuts différents. Il n'y aura nulle continuité territoriale entre les enclaves « blanches » ou « musulmanes » ; la France verra éclore sur son sol des centaines de zones où la liberté d'installation sera restreinte ; elle dépendra d'un comité, comme c'est le cas dans certains immeubles américains où les postulants doivent être agréés par le conseil syndical. Ces zones abriteront des écoles, des cliniques, des commerces, voire des usines. Sans doute,

celles des Blancs seront closes, pour des raisons de sécurité, par des barrières métalliques, renforcées de caméras de surveillance. Ces enclaves seront des ghettos, mais librement acceptés et qu'on pourra quitter quand on le souhaite. Elles ne ressembleront pas au modèle des réserves amérindiennes où les indigènes étaient contraints d'y résider par des envahisseurs. Nous serons en présence d'un Apartheid volontairement mis en place par les minorités « blanche » et islamique.
Bien entendu, il subsistera un état central, il gérera les territoires qui ne seront pas inclus dans les enclaves spécifiques, s'efforcera de faire fonctionner les équipements communs (hôpitaux, universités, aéroports, ports, usines) et maintiendra un semblant d'unité. Sa tâche ne sera pas facile et ses ressources financières amoindries par la sécession d'une partie du territoire français. Heureusement pour lui, la majorité des Français ne voudront sans doute pas vivre dans ces enclaves (ou du moins, espérons-le ?)

L'exemple des enclaves Afrikaners

Une idée de ce que serait les réserves, nous est donnée par deux enclaves Afrikaners en Afrique du Sud, Oriana et Kleinfontain. La première contrairement à la seconde n'est pas a priori réservée aux Blanc. Un noir ou un métis pourrait en principe s'y installer, la seule condition étant linguistique : il faut parler l'Afrikaner. Mais toute nouvelle demande de résidence doit être agrée par un comité consultatif dépendant de la mairie. Actuellement 97% des 1700 habitants d'Oriana sont blancs. Néanmoins les fermiers noirs des environs peuvent venir faire leurs emplettes dans la ville sans être refoulés, même si quelques frictions ethniques sont à déplorer. L'accès à la ville est libre, elle n'est pas entourée d'une clôture. Les Présidents noirs de l'Afrique du Sud, Nelson Mandela ou Jacob Zuma ont été reçus par la municipalité conformément à leur rang. Celle-ci ne prétend pas s'isoler du reste du pays, mais se réclame du principe du localisme : vivre dans la mesure du possible en autosuffisance. Oriana dispose de 2 quartiers, l'un plus cossu que l'autre. Les résidents du second sont chargés des travaux domestiques autrefois dévolus aux employés africains dans l'Afrique du Sud de l'Apartheid.

Kleinfontain est, elle une résidence organisée en coopérative et fermée par une clôture. Son accès se fait par un poste de contrôle sécurisé. Elle n'est qu'un quartier au sein de la municipalité de Tschwane. Pour résider à Kleinfontain il faut impérativement être blanc, de langue Afrikaner et protestant. Cette enclave est critiquée pour ses principes ségrégationnistes, mais ses 900 habitants invoquent pour leur part le désir de maintenir leur identité culturelle et la sécurité.

Ces deux enclaves sont des prototypes des entités territoriales qui risquent malheureusement de se mettre en place en France, dans quelques années, surtout si notre pays est la proie d'incidents violents et incessants.

Les raisons qui motiveront la création des réserves

Les réserves si elles voient le jour (elles restent heureusement hypothétiques) seront avant tout dues aux circonstances et seront les conséquences de violents affrontements. Leurs inconvénients sont évidents : fondements qui frôlent le racisme, fin de la République Française telle que nous la connaissons, problèmes économiques et administratifs sans fin dus à la séparation des territoires.

La création de réserves « blanches » sera motivée par le désir de sécurité et celui de vivre « entre soi ». Ajoutons-y le refus de servir de punching-ball pour les « crimes » de nos ancêtres, l'envie d'un cadre sécurisé où on pourra boire de l'alcool ou manger du porc en toute tranquillité, où les églises ne seront plus profanées. Bref le rêve (la chimère ?) de retrouver la France d'avant 1970. On peut avec raison qualifier ces raisons d'égoïstes, leur reprocher leurs racines racistes, mais on peut également les comprendre et essayer d'apporter des réponses aux problèmes qui sont à l'origine de ces fantasmes sécessionnistes plutôt que de fustiger les Blancs. Car j'insiste : ce n'est pas le refus du métissage qui expliquera la création de réserves, mais le souhait de ne plus être pris à partie, de ne plus être injustement accusés d'islamophobie ou de racisme anti-noirs et l'envie de vivre selon des « coutumes » et des « us » qui, pour leurs partisans, sont aussi valables que les autres. C'est un désir identitaire profond que l'on trouve tout à fait respectable lorsqu'il s'exprime chez les Amérindiens des USA ou les Maoris de Nouvelle Zélande. C'est le cri d'une « civilisation » agressée (injustement ?) dans ses fondements et qui lorsqu'elle était dominante n'a pas eu un comportement exemplaire, je le concède volontiers, mais dont le bilan reste équilibré pour qui se veut équitable. Voilà pourquoi j'insiste tant sur le combat à mener contre les « délires » racialistes et intégristes, qui, par réaction, mènent tout droit à cette envie de partition des « Blancs ».

Depuis 1919 et la Société des Nations, on reconnaît le droit à l'auto-détermination et à l'indépendance des peuples indigènes. En tordant le bras à cette notion, des esprits « chagrins » pourraient l'appliquer aux Français de souche : une communauté autochtone vivant sur le sol de la France demanderait à pouvoir prendre son destin en mains. Qui en théorie pourrait trouver à redire ? Les grands principes de l'ONU ne seraient pas violés. Évidemment, il s'agirait d'une dérive de la notion d'auto-détermination.

Autre argument qui sent le soufre : la séparation territoriale de communautés antagonistes a été un facteur d'apaisement tout au long de l'Histoire. Rappelons les quelques exemples déjà évoqués : le calme est revenu à Chypre depuis la séparation en deux zones grecques et turques, La Croatie a été pacifiée après l'épuration violente des deux tiers de Serbes de cette république ; la paix a été rétablie en Europe Centrale après l'expulsion vers l'Allemagne des minorités germaniques ; les déplacements de population après les guerres Balkaniques ont abaissé les tensions, le vaste et tragique échange entre Hindous et musulmans lors de la partition de l'Empire des Indes, cette « vivisection » selon les mots de Ghandi, a été, malgré le million de morts qu'elle a causé, bénéfique et a fait diminuer les affrontements. Néanmoins, comme nous l'avons vu, les troubles perdurent au XXI ième siècle, en grande partie parce que la séparation entre les deux religions n'est pas complète dans le sous-continent : 14,2 % des Indiens pratiquent l'Islam.

Une ultime raison (plutôt cynique) sera avancée par les partisans des « réserves » : puisque les racialistes organisent des colloques, des réunions, entre colonisés loin du regard des « Blancs » qui les domineraient par leur seule présence, pourquoi ces derniers ne se retiraient pas dans leurs territoires spécifiques, laissant vivre les communautés noires et musulmanes loin de leurs prétendus oppresseurs leucodermes ? La séparation suivant les diverses ethnies n'est-elle pas au fond le but de ce racialisme en pleine expansion ? Activistes noirs ou intégristes ne sont-ils pas en fait les alliés naturels des Identitaires blancs ? Leurs idéologies ne sont pas incompatibles, bien au contraire.

Que se mettent en place des réserves pour « Français de souche » radicaux, sans musulmans et peut-être sans minorité noire, est un avenir possible, mais glaçant : hélas, il ne s'agit nullement d'une hypothèse fantaisiste agitée pour faire peur, elle a malheureusement des chances de se réaliser.

Conclusion

Aucun peuple ne meurt sans résister. Les Amérindiens d'Amérique du Nord, les Maoris, les Aborigènes d'Australie, les Kanak et même les pacifiques Aïnous du Japon se sont soulevés pour défendre leurs droits, mais ils ont été écrasés ; leurs adversaires avaient en effet une puissance de feu supérieure. Les vainqueurs ont concédé à leurs peuples indigènes en moyenne 5 % de leur ancien territoire pour qu'ils puissent s'y entasser et décliner en silence, loin des regards des nouveaux occupants. Ce modèle n'est pas pertinent pour nous : nous ne serons jamais dans cette situation. Néanmoins la création (volontaire) de réserves pour Français de Souche est une possibilité que personne n'a le droit d'écarter d'un revers de main.

Nous sommes à la croisée des chemins. Un violent conflit ethnique et religieux menace d'éclater. Il est facile de commencer une guerre, mais la terminer est toujours délicat et le plus souvent on la conclut comme on peut.

J'espère que mon livre permettra une prise de conscience. Le titre que je lui ai donné est volontiers polémique et n'a été choisi que pour faire réagir. Mais il décrit un futur possible à défaut d'être probable. À nous de faire en sorte qu'il reste une chimère.

FIN

Imprimé en France
Février 2020

www.ingramcontent.com/pod-product-compliance
Lightning Source LLC
LaVergne TN
LVHW010059170826
845678LV00012B/2177

* 9 7 8 2 9 5 6 4 0 4 2 8 6 *